教育部思想政治理论课教师研究专项—青年教师择优资助项目；项目编号：20JDSZK132；项目题名：基于"提取、聚焦、整合、牵引"方式下的"马克思主义基本原理"小专题教学研究。

九州文库

马克思主义基本原理

小专题教学讲义

金雪飞 著

九州出版社
JIUZHOUPRESS

图书在版编目（CIP）数据

马克思主义基本原理小专题教学讲义 ／ 金雪飞著
. －－北京：九州出版社，2024.3
ISBN 978－7－5225－2633－1

Ⅰ.①马… Ⅱ.①金… Ⅲ.①马克思主义理论—高等
学校—教材 Ⅳ.①A81

中国国家版本馆 CIP 数据核字（2024）第 044239 号

马克思主义基本原理小专题教学讲义

作　　者	金雪飞　著	
责任编辑	蒋运华	
出版发行	九州出版社	
地　　址	北京市西城区阜外大街甲 35 号（100037）	
发行电话	（010）68992190/3/5/6	
网　　址	www.jiuzhoupress.com	
印　　刷	唐山才智印刷有限公司	
开　　本	710 毫米×1000 毫米　16 开	
印　　张	14.5	
字　　数	194 千字	
版　　次	2024 年 3 月第 1 版	
印　　次	2024 年 3 月第 1 次印刷	
书　　号	ISBN 978－7－5225－2633－1	
定　　价	95.00 元	

目 录
CONTENTS

专题一　马克思主义的产生条件

习近平总书记在纪念马克思诞辰 200 周年大会上的讲话中指出："在人类思想史上，没有一种思想理论像马克思主义那样对人类产生了如此广泛而深刻的影响。"① 马克思主义的产生是人类思想史上的伟大变革。任何一场伟大变革必然建立于一定的主客观条件之上。

一、马克思主义产生的历史必然性

任何理论的产生不只源于个体的主观创造，更是现实环境的反映、规定，是现实需求的刺激，是对时代提出的历史任务和要求的回应。如没有地理大发现和殖民地的开拓，就不会有亚当·斯密强调自由市场的《国富论》；没有现代资本和金融的扩张，就不会有宋鸿兵的《货币战争》；没有互联网的发展，就不会有弗里德曼《世界是平的》的基本判断；没有经济全球化世界一体化，就不会有人类命运共同体的提出；等等。马克思主义的产生也有其历史的必然性。

1. 马克思主义产生的经济社会根源：资本主义生产方式的产生、发展及其矛盾的暴露、激化。19 世纪三四十年代，资本主义大生产已相继成为英、法、美、德等国的主要生产方式，这些国家呈现出新的状

---

① 习近平. 在纪念马克思诞辰 200 周年大会上的讲话 [M]. 北京：人民出版社，2018：10.

况：（1）随着现代工业的发展，无产阶级在资本主义工厂中大规模出现，并作为独立的政治力量逐步登上历史舞台。为占人口大多数的无产阶级服务不仅为马克思主义的诞生提供了现实性和合法性依据，也使得马克思主义获得了推翻资本主义的物质武器。（2）资本主义生产方式下，贫富差距加大，社会不同阶级尖锐对立。无产阶级日益成为资本与机器的奴隶，陷入悲惨境地，却具有强烈的革命热情。在资本主义早期，付出劳动、创造价值、规模庞大的工人阶级，生活却极端贫困，就像马克思指出的："劳动为富人生产了奇迹般的东西，但是为工人生产了赤贫。劳动创造了宫殿，但是给工人创造了贫民窟。""劳动创造了美，但是使工人变成畸形。劳动生产了智能，但是给工人生产了愚钝和痴呆。"① 资本主义社会日益分化为无产阶级和资产阶级两大对立阶级，无产阶级要想改变自身命运，就必须起来革命。除了面对国内阶级矛盾外，早期资本主义还面临着国际殖民者与被殖民者以及资本帝国主义之间的冲突。各种矛盾交织下的资本主义无法实现无产阶级和全人类的解放，无法实现人对自身本质的占有，无法实现人的自由全面发展，资本主义不是理想社会，要解放无产阶级和全人类，就必须推翻资本主义，建立社会主义和共产主义，这体现了马克思主义的合目的性。（3）资本主义经济危机的频繁爆发，使得马克思和恩格斯发现了资本主义的基本矛盾及其必然灭亡的命运。19 世纪 20 年代至 19 世纪 40 年代，资本主义周期性的经济危机频繁爆发，破坏力越来越大（1825 年世界上第一次经济危机在英国爆发，1836 年和 1847 年又相继爆发了波及欧洲各主要资本主义国家的经济危机）。马克思、恩格斯在分析资本主义经济危机爆发根源时发现了资本主义自身无法克服的基本矛盾——生产的社会化和生产资料的私人占有，看到了资本主义必然灭亡的命运，"资产

---

① 中共中央马克思恩格斯列宁斯大林著作编译局. 马克思恩格斯全集：第 42 卷［M］. 北京：人民出版社，1979：93.

阶级的灭亡和无产阶级的胜利是同样不可避免的"①，为此马克思、恩格斯不断探索建立新社会。这体现了马克思主义产生的合规律性。

综上，马克思主义的产生是合目的性与合规律性的统一。当然我们也应该看到，一方面马克思、恩格斯生活的年代是资本主义矛盾充分暴露和集中显现的时期，使得其对资本主义矛盾的揭露、批判是彻底、深入的，以致今天的资本主义在遇到危机和困境时依然习惯从马克思主义中查找原因、寻觅对策；另一方面，马克思、恩格斯所看到的是资本主义最混乱、最丑恶以及矛盾最尖锐的时期之一，是资本主义的早期形态或"原始形态"，不是其整体形态或成熟形态。马克思、恩格斯关于资本主义社会的某些判断、观点、结论可能与后来的资本主义和当今现状不完全匹配，我们不能固守某些结论，将马克思主义教条化，而是需不断丰富发展。

2. 马克思主义产生的阶级基础：无产阶级斗争对科学理论的需求。19 世纪 30 年代至 19 世纪 40 年代，欧洲的无产阶级发展壮大但生活境遇悲惨、生存环境恶劣，革命愿望却始终强烈，在十几年的时间里曾爆发上百次工人运动。但由于缺乏科学理论的指导，没有共同理想和力量的凝聚，这些大大小小的革命、起义、斗争屡战屡败。包括著名的"三大工人运动"——法国里昂工人运动、英国宪章运动、德国的西西里亚纺织工人起义也都是"过程热闹，结果惨淡"。这一现状被长期关注欧洲工人运动的马克思和恩格斯所关注，1844 年恩格斯在给马克思的信中说："我在科伦逗留了三天，我们在那里所开展的巨大的宣传工作使我惊奇。那里人们非常活跃，但也明显地表现出缺乏重要的支柱。"② "目前首先需要我们做的，就是写出几本较大的著作，以便给许

---

① 中共中央马克思恩格斯列宁斯大林著作编译局. 马克思恩格斯选集：第1卷 [M].
北京：人民出版社，2012：413.
② 中共中央马克思恩格斯列宁斯大林著作编译局. 马克思恩格斯全集：第27卷 [M].
北京：人民出版社，1972：5.

许多多非常愿意干但自己又干不好的一知半解的人以必要的支点。"①
为工人阶级斗争提供科学的理论指导是马克思主义产生的重要原因。

可见，马克思主义创造历史的前提是它顺应了时代，顺应了人民。
正如中国古人所说，世界大势，浩浩荡荡，顺之者昌，逆之者亡！

二、马克思主义产生的思想渊源：对人类一切优秀文明成果的批判吸收

马克思主义的产生不仅来源于马克思恩格斯对时代的回应，还来自其对人类一切优秀文明成果的批判吸收、继承发展。

1. 马克思主义对人类人文思想的批判吸收。马克思主义的直接理论来源主要是三部分：德国古典哲学——马克思主义哲学形成的重要基础；英国古典政治经济学——对马克思主义政治经济学的诞生产生了直接影响；英法空想社会主义——为科学社会主义的建立提供了丰富养料。

（1）德国古典哲学。对马克思主义产生重大影响的德国古典哲学首先是黑格尔哲学。黑格尔是德国古典哲学的集大成者，在哲学史上第一次将整个自然的、历史的、精神的世界描述成一个不断发展和灭亡的过程，并企图总结这种运动发展的内在联系，把辩证法推到了一个新的高度。但是他认为在自然界和人类社会出现以前，就存在着一个本原——"绝对精神"（类似于中国哲学中的"道"，无法言说与证实，却被认为是世界的本源），自然、逻辑和精神都是绝对精神的自我展开和实现。然后认为自己的哲学是"绝对精神"发展的顶点，是一个穷尽了一切真理的最终的绝对体系，德国制度是"绝对精神"的现实呈现，是最优秀和最完美的制度。可见，黑格尔哲学的合理性是建立了开

---

① 中共中央马克思恩格斯列宁斯大林著作编译局. 马克思恩格斯全集：第 27 卷［M］.
北京：人民出版社，1972：18.

放发展、具有强烈革命性的辩证法；但其缺点也很明显，一是陷入了唯心主义的窠臼；二是在遇到自身哲学和要维护的制度时，又变得封闭和保守，失去了革命性和先进性，陷入自我矛盾。

马克思主义吸收了黑格尔哲学体系中的"合理内核"——辩证法，使马克思主义具有了革命和发展的基本特征。但批判了其唯心主义的哲学观和建立于"绝对精神"之上的自我闭环，实现了对黑格尔的超越。

其次是费尔巴哈哲学。费尔巴哈是近代形而上学唯物主义的集大成者，其最大功绩是打破了唯心主义对德国的长期统治，驳斥了唯心主义世界观，创立了自然唯物论，恢复了自然和唯物主义的权威。其认为哲学的最高对象是自然人，强调自然和人互相依赖、互为根本，自然不依赖于任何哲学而存在，自然产生人，自然是人类产生发展的基础。恩格斯后来回忆说："这部书（指费尔巴哈的《基督教的本质》）的解放作用，只有亲身体验过的人才能想象得到，那时大家都很兴奋：我们一时都成为费尔巴哈派了。"① 但由于费尔巴哈不了解实践在认识发展中的作用，且对黑格尔全盘否定，使得其理论有两大缺陷：一是他的唯物主义是形而上学的唯物主义，它在否定黑格尔唯心主义的同时，连其辩证法一起抛弃了；二是他的唯物主义是半截子唯物主义，即在自然观上是唯物的，但在历史观上是唯心的。如其把爱这种精神力量看作社会发展的根本动力，说明其没有找到决定历史发展的物质力量。马克思主要吸收了费尔巴哈思想的基本内核——唯物论，批判了其形而上学和历史唯心主义。

（2）英国古典政治经济学。代表人物是亚当·斯密和大卫·李嘉图，他们最重要的理论成果是提出了劳动价值理论。指出劳动所创造的价值是工资、利润和地租的源泉，并在劳动价值论的基础上，对剩余价

---

① 中共中央马克思恩格斯列宁斯大林著作编译局. 马克思恩格斯选集：第4卷 [M].
　北京：人民出版社，2012：228.

值做了一定程度的分析和研究，为马克思主义研究资本主义提供了有益的理论素材。正如马克思所说，"古典政治经济学几乎接触到事物的真实状况，但是没有自觉地把它表述出来"①，"我的价值、货币和资本的理论就其要点来说是斯密—李嘉图学说的必然的发展"②。

古典政治经济学认识到了劳动创造价值和资本所获得的利润来源于对劳动者的剥削，但他们却认为资本家对工人的剥削是合乎理性的自然法则，资本主义制度是人类永恒不变的最美好的制度，历史将终结于资本主义。忽略了资本主义基本矛盾的不可调和性和灭亡的必然性，是不科学的。马克思主义吸收了他们的劳动价值论及合理成分，同时对他们关于资本主义生产关系是永恒的观点进行了批判，指出资本主义必然灭亡。

（3）英法空想社会主义。空想社会主义产生于 16 世纪初，经过 300 多年的历史发展，到 19 世纪初达到顶峰。其中英法的圣西门、傅立叶、欧文是这一时期的杰出代表。恩格斯曾指出，科学社会主义"它是依靠圣西门、傅立叶和欧文这三位思想家而确立起来的……他们天才地预示了我们现在已经科学地证明了其正确性的无数真理"③。但是，此时的空想社会主义依然是一种不科学的理论，他们看到了资本主义必然灭亡的命运，却没有找到资本主义必然灭亡的经济根源——资本主义的基本矛盾；看到了资本主义应该被推翻，却没有找到推翻资本主义要依靠的阶级力量——他们不相信无产阶级，将希望寄托于开明资产阶级贵族和统治者的支持；认识到了要建立新社会，却没有找到通向理想社会的现实道路——他们否定无产阶级革命，希望通过改良实现共产

---

① 中共中央马克思恩格斯列宁斯大林著作编译局. 马克思恩格斯文集：第 5 卷［M］. 北京：人民出版社，2009：622.

② 中共中央马克思恩格斯列宁斯大林著作编译局. 马克思恩格斯文集：第 5 卷［M］. 北京：人民出版社，2009：19.

③ 中共中央马克思恩格斯列宁斯大林著作编译局. 马克思恩格斯全集：第 18 卷［M］. 北京：人民出版社，1964：566.

主义。马克思吸收了他们对资本主义的深刻批判和对未来的天才构想，批判了他们思想中的空想成分。

2. 马克思主义产生的自然科学前提。马克思不仅是革命家，还是科学家，其和恩格斯共同创立的马克思主义不仅批判吸收了当时的人文思想，还借鉴吸纳了最新的自然科学成就，特别是 19 世纪的三大科学发现：能量守恒与转化定律、细胞学说、生物进化论。其中能量守恒与转化定律证明马克思主义关于世界是物质的、世界统一于物质这一理论的正确性，因为只有物质才能永恒；细胞学明确了世界起源于细胞这一物质，而不是精神或上帝的创造，为唯物论提供了新的佐证；生物进化论告诉我们，世界是不断变化发展的，证明了唯物辩证法的科学性。这些自然科学的发展为马克思主义形成科学的世界观提供了支撑。

三、马克思主义产生的主观条件：马克思、恩格斯的个人经历和性格特征

习近平总书记在纪念马克思诞辰 200 周年大会上的讲话中曾指出：

（1）马克思的一生，是胸怀崇高理想、为人类解放不懈奋斗的一生。1835 年，17 岁的马克思在他的高中毕业作文《青年在选择职业时的考虑》中这样写道："如果我们选择了最能为人类而工作的职业，那么，重担就不能把我们压倒，因为这是为大家作出的牺牲；那时我们所享受的就不是可怜的、有限的、自私的乐趣，我们的幸福将属于千百万人，我们的事业将悄然无声地存在下去，但是它会永远发挥作用，而面对我们的骨灰，高尚的人们将洒下热泪。"马克思一生饱尝颠沛流离的艰辛、贫病交加的煎熬，但他初心不改、矢志不渝，为人类解放的崇高理想而不懈奋斗，成就了伟大人生。

（2）马克思的一生，是不畏艰难险阻、为追求真理而勇攀思想高峰的一生。马克思曾经写道："在科学上没有平坦的大道，只有不畏劳苦沿着陡峭山路攀登的人，才有希望达到光辉的顶点。"马克思为创立

科学理论体系，付出了常人难以想象的艰辛，最终达到了光辉的顶点。他博览群书、广泛涉猎，不仅深入了解和研究哲学社会科学各个学科知识，而且深入了解和研究各种自然科学知识，努力从人类创造的一切文明成果中汲取养料。马克思毕生忘我工作，经常每天工作 16 个小时。马克思在给友人的信中谈到，为了《资本论》的写作，"我一直在坟墓的边缘徘徊。因此，我不得不利用我还能工作的每时每刻来完成我的著作"。即使在多病的晚年，马克思仍然不断迈向新的科学领域和目标，写下了数量庞大的历史学、人类学、数学等学科笔记。正如恩格斯所说："马克思在他所研究的每一个领域，甚至在数学领域，都有独到的发现，这样的领域是很多的，而且其中任何一个领域他都不是浅尝辄止。"

（3）马克思的一生，是为推翻旧世界、建立新世界而不息战斗的一生。恩格斯说，"马克思首先是一个革命家"，"斗争是他的生命要素。很少有人像他那样满腔热情、坚韧不拔和卓有成效地进行斗争。"马克思毕生的使命就是为人民解放而奋斗。为了改变人民受剥削、受压迫的命运，马克思义无反顾投身轰轰烈烈的工人运动，始终站在革命斗争最前沿。他领导创建了世界上第一个无产阶级政党——共产主义者同盟；领导了世界上第一个国际工人组织——国际工人协会；热情支持世界上第一次工人阶级夺取政权的革命——巴黎公社革命，满腔热情、百折不挠推动各国工人运动发展。

马克思主义因时代而生、因人民而生、因开放而生、因奋斗而生，马克思主义是人类思想的时代精华。

专题二　马克思主义为什么行

　　"马克思主义始终是我们党和国家的指导思想，是我们认识世界、把握规律、追求真理、改造世界的强大思想武器。"① 马克思主义的价值、意义根源于其内在本质和基本特征。这些本质、特征是马克思主义的独特优势，也是马克思主义能够不断中国化、时代化、大众化，保持生命力的根本。

一、科学性

　　马克思主义之所以能指导中国革命、建设、改革取得巨大成功，改变中华民族的根本命运，根本在于其是科学的世界观和方法论。其科学性，可以从理论逻辑和实践逻辑两个维度来把握：（1）从理论逻辑看，它是完备深刻而无片面性的学说。其第一次在人类哲学史上实现了"两大统一"，分别是唯物论与辩证法的统一、辩证唯物主义与历史唯物主义的统一；完整揭示了人类要面对的三大规律即自然规律、历史规律、思维规律；为人类正确处理三大矛盾——人与自然、人与社会、人与思维的矛盾，提供了科学、完整、严谨的世界观和方法论。（2）从实践逻辑看，马克思主义理论来源于实践、反映了实践、得到了实践的

---

① 习近平. 在纪念马克思诞辰200周年大会上的讲话 ［M］. 北京：人民出版社，2018：15.

检验，符合现实、符合客观，因此是科学的。马克思主义的诞生是马克思、恩格斯的理论与工人运动相结合的产物，是马克思、恩格斯对资本主义具体经济、政治、社会现实考察后的理论总结。同样中国特色的革命道路理论、社会主义初级阶段理论、社会主义市场经济理论、社会主义基本路线理论、中国式现代化理论都是来自实践且被实践所证明的科学理论。

思考：既然马克思主义是科学的，那为什么现实的发展与马克思主义经典作家的某些预测和结论不完全匹配？如马克思强调社会主义只能实行计划经济，但单一的计划经济已被实践证明没有长久效率，这是否说明马克思主义的科学性是不彻底的？要理解这一点，需要分清本质与现象的联系、区别。现象是本质的体现，但单一、具体、偶然的现象不等同于事物的本质。就像有些人喜爱祖国的河山，但并不真正爱国；有些人穿汉服，但并没有真正的文化自信；有些人喜欢看美国大片，但爱国的情感一样炙热。我们不能用一片枯黄的树叶就否定整棵树的健康，不能用偶尔出现的绿色就否定冬天的来临，也不能用某个具体结论来判定某一理论体系是否科学。要正确评价马克思主义是否科学，关键要把握马克思主义的本质。那关于马克思主义的本质，恩格斯有过精准阐述"马克思的整个世界观不是教义，而是方法。它提供的不是现成的教条，而是进一步研究的出发点和供这种研究使用的方法"①。马克思生前反对空想社会主义，重要原因是空想社会主义者详细描绘、规划了未来社会的细节，没有给不同时代、不同民族、不同群体留下探索发展的空间，违背了马克思主义的本质。可见，马克思主义不是结论，不是一系列真理的汇编，而是科学的世界观与方法论。不能因为马克思主义经典作家的某些结论不够准确而否定其整体、本质的科学性。

---

① 中共中央马克思恩格斯列宁斯大林著作编译局. 马克思恩格斯文集：第10卷 [M]. 北京：人民出版社，2009：691.

二、革命性

马克思曾说"辩证法不崇拜任何东西，按其本质来说，它是批判的和革命的"①。马克思主义的革命性、批判性是完全的、彻底的、永不停歇的，主要表现在以下三方面：（1）理论批判（革命）。马克思主义是在批判吸收资本主义、批判吸收人类一切优秀文明成果的基础上产生的。对此列宁曾指出："凡是人类社会所创造的一切，他都有批判地重新加以探讨，任何一点也没有忽略过去。"② 马克思和恩格斯一生批判过的思潮就有以黑格尔为代表的唯心主义、以费尔巴哈论为代表的旧唯物主义、以鲍威尔为代表的青年黑格尔派、以蒲鲁东为代表的无政府主义、以拉萨尔为代表的机会主义、以杜林为代表的庸俗经济学派以及以巴枯宁为代表的绝对自由主义思潮等，正是通过彻底的理论批判，马克思主义才保持着自身的立场、方向和目标，保持着自身的科学性和革命性。（2）自我批判（革命），即以"今日之我"批判"昨日之我"。马克思在1843年与《德法年鉴》创办人的通信中就指出，"要对现存的一切进行无情的批判，所谓无情，就是说，这种批判既不怕自己所作的结论，也不怕同现有各种势力发生冲突"③，明确了批判包括自我批判。其后在《路易·波拿巴的雾月十八日》中又说无产阶级政党"相反地，象十九世纪的革命这样的无产阶级革命，则经常自己批判自己，往往在前进中停下脚步，返回到仿佛已经完成的事情上去，以便重新开始把这些事情再做一遍；它们十分无情地嘲笑自己的初次企图的不彻底

---

① 中共中央马克思恩格斯列宁斯大林著作编译局. 马克思恩格斯选集：第4卷［M］. 北京：人民出版社，2012：94.
② 中共中央马克思恩格斯列宁斯大林著作编译局. 列宁选集：第4卷［M］. 北京：人民出版社，1995：84.
③ 中共中央马克思恩格斯列宁斯大林著作编译局. 马克思恩格斯文集：第10卷［M］. 北京：人民出版社，2009：7.

性、弱点和不适当的地方"①。这样一种自我批判精神，保证了马克思主义的自我更新和与时俱进，也为中国共产党人开展自我批评、不断推进自我革命奠定了理论基础。新时代中国共产党的反腐倡廉、自我教育、自我净化、自我革命都是其重要体现。自我批判是中国共产党保持机体健康、保证团结统一和永远走在时代前列的重要动力。（3）实践批判（革命）。马克思主义为实现无产阶级和全人类解放而奋斗。马克思主义在诞生之初就强调，其不屑于隐瞒自己的意图和观点，"哲学把无产阶级当做自己的物质武器，同样，无产阶级也把哲学当做自己的精神武器"②。明确提出要通过无产阶级革命推翻资本主义，建立社会主义和共产主义，实现对客观世界的改造，为人的自由全面发展提供现实条件。"哲学家们只是用不同的方式解释世界，而问题在于改造世界"③，强调改造世界是马克思主义新世界观的根本。

理论批判、实践批判与自我批判的统一，是马克思主义革命性的突出特点和基本体现。

思考：关于马克思主义科学性与革命性的几个问题。

第一，马克思主义为什么要为无产阶级服务？（1）相信谁、依靠谁、为了谁，是否始终站在最广大人民立场，是区分唯物史观和唯心史观的关键，是判断马克思主义政党的试金石，也是马克思主义反对资本主义的根本原因。无产阶级是人口的绝大多数，为无产阶级服务就是为绝大多数人服务，具有天然的合理性。如依然处于社会主义初级阶段的中国打赢了脱贫攻坚战、消除了绝对贫困，而美国作为发达的资本主义

---

① 中共中央马克思恩格斯列宁斯大林著作编译局. 马克思恩格斯全集：第 8 卷 [M]. 北京：人民出版社，1961：125.

② 中共中央马克思恩格斯列宁斯大林著作编译局. 马克思恩格斯文集：第 1 卷 [M]. 北京：人民出版社，2009：17-18.

③ 中共中央马克思恩格斯列宁斯大林著作编译局. 马克思恩格斯选集：第 1 卷 [M]. 北京：人民出版社，2012：136.

国家却还有将近 4000 万的贫困人口，充分体现了马克思主义与资本主义的立场差异。（2）无产阶级是社会财富的主要创造者，但却一无所有（或说付出最多却得到最少），说明私有制下的阶级社会缺乏公平正义，为无产阶级服务，就是保证不劳者不得食，就是消除剥削与压迫，就是对公平正义的最好维护。（3）解放了无产阶级就解放了全人类。无产阶级不等于全人类，但解放无产阶级就等于解放了全人类。只要无产阶级得到解放，就没有人再受压迫与剥削，全人类也就解放了；反之，只要还有一个人受剥削和压迫，这个人就是无产阶级，就意味着无产阶级还没有彻底解放。可见，为无产阶级服务就是为全人类服务，具有根本合理性。（4）解放无产阶级，实行无产阶级专政，是要把资产阶级打倒，让其变成新的无产阶级、产生新的剥削吗？不是。我国在进行社会主义改造时，并没有将资产阶级变成新的无产阶级，而是将其改造为自食其力的劳动者，消除阶级剥削和压迫。

为无产阶级服务，就是为大多数人服务，就是消除一切剥削压迫，就是追求公平与正义。因此，马克思主义立足于为无产阶级服务。

第二，有人认为，阶级性和科学性不相容，凡是代表阶级利益和愿望的理论、实践，就有阶级立场和偏颇，就无法实现客观、公正、科学，而马克思主义强调阶级性，因此其是非科学的。这一观点的错误性在于：（1）社会存在决定社会意识的原理决定了阶级社会的所有思想、观点、理论都会带有阶级性，不存在非阶级的观点。如长期以来在西方的主流话语中，劳动人民都是"消极、精神空虚、冷酷无情、顽固不化、盲目无信仰的"，是历史中的惰性因素与历史的进步对立，这就充分体现了资产阶级的阶级性。同样，2020 年以来美国和西方不少政客对中国的抗疫进行扭曲、抹黑、栽赃，不是基于什么客观、现实、真相，也不是为了实现所谓的人权、自由、民主等"普世价值"，而是要通过栽赃索赔来转移其国内矛盾、维护其自身利益。就像美国前国务卿蓬佩奥 2019 年在得克萨斯州某个大学演讲时所说："我曾经是一名 CIA

局长，我们撒谎、欺骗、偷盗，我们还有完整的培训课程……"① 培训撒谎，就是为了维护其阶级利益。阶级性是阶级社会一切思想的必然属性。（2）尊重阶级性（事实性）才能实现科学性。阶级是阶级社会的客观存在，只有尊重它、反映它的理论才是科学的。西方"普世价值"的根本错误，在于其忽视了不同阶级的不同特点、不同需要、不同追求，幻想用一种价值、文明、思维去指导所有人，必然是非科学的。如资产阶级（或发达国家）已基本解决生存问题，就期待通过政治自由维护其财产权，所以其追求主要就是政治自由；无产阶级（或发展中国家）面临的主要挑战是经济上的匮乏，生存自由是大家的第一追求，但资产阶级和发达国家却说无产阶级和发展中国家的生存自由不叫自由，集会、结社才叫，多可笑。反之，毛泽东同志的《中国社会各阶级的分析》发现并尊重了不同阶级的不同需要，找到了中国革命的力量和适合中国国情的革命道路，因此是科学的。（3）如前所述，无产阶级的利益与人类的整体利益相一致，解放无产阶级与解放全人类相一致。马克思主义为无产阶级服务，不仅不具有偏颇性，而且具有最大的广泛性，是科学的。综上，马克思主义的阶级性、革命性与其科学性并不冲突，而是合规律性与合目的性的统一。

三、实践性

习近平总书记指出："实践的观点、生活的观点是马克思主义认识论的基本观点，实践性是马克思主义理论区别于其他理论的显著特征。"② 马克思和恩格斯也自称是"实践的唯物主义者"。实践性之于马克思主义的重要性可以从两个维度来把握：一是实践性在马克思主义理

---

① 李姚. 俄媒捕捉到蓬佩奥的"诚实"：我们撒谎，欺骗，偷盗 [EB/OL]. 环球网，2019-4-26.
② 习近平. 在纪念马克思诞辰200周年大会上的讲话 [M]. 北京：人民出版社，2018：9.

论体系中的地位。首先，实践性是马克思主义科学性与革命性的来源。马克思主义理论来自实践、反映了实践、得到了实践的检验，符合现实、符合客观，所以是科学的；同时实践性决定了马克思主义要以改造世界为主要任务。在资本主义生产方式和思想体系下，改造世界就要进行彻底的理论和现实革命，革命性也就自然成为马克思主义的基本属性。正像英国学者特里·伊格尔顿说的，"与政治家、科学家、军人和宗教人士不同，很少有思想家能真正改变历史进程，而《共产党宣言》的作者恰恰在人类历史发展进程中发挥了决定性作用。历史上从未出现过建立在笛卡尔思想上的政府，用柏拉图思想武装起来的游击队，或者以黑格尔的理论为指导的工会组织"①，只有用马克思主义指导建立的政党、政府和军队，即只有马克思主义实现了实践基础上科学性和革命性的统一。其次，实践性决定了马克思主义的人民性和发展性。人类社会的本质是实践，人民是实践的主体，要顺应和把握历史，就必须相信人民、依靠人民、服务人民，马克思主义的人民史观自然形成。同样，实践决定认识，实践又不断发展，决定了马克思主义作为一种理论也必须跟随实践与时俱进。实践观是马克思主义的首要观点，决定着马克思主义的其他特征。二是实践性对马克思主义政党的现实价值。首先，马克思主义的实践性，深刻塑造了中国共产党人的思维方式、价值观念和方针政策。对比中国与欧美领导人的选拔方式可以发现，欧美领导人往往由一次性的选举决定，是选举主导型，起决定作用的是候选人的口才、外貌、广告投放和政纲等各种短期变量的综合。表面上看不拘一格降人才，但选出来的领导人极具偶然性，"傻子""疯子""戏子"都可能当选，当选后的民意支持度相对选举前往往呈断崖式下跌，西方人民对政府的施政满意度整体偏低。与之不同的是，中国领导人的选拔方

---

① 伊格尔顿. 马克思为什么是对的 [M]. 李杨，任文科，郑义，译. 北京：新星出版社，2011：2.

式是实践主导型，选拔官员主要看其实践经历、经验、能力、成绩。如习近平同志就有从基层到中央，从农村到城市，从西部到东部的全面实践锻炼。其执政后也要求我国的每一位省级领导要跑遍治下的每一个县，县级领导要跑遍治下的每一个乡，乡级领导要跑遍每一个村。这样一种实践累积，使得中国领导人能够更好地了解国情民意，做到实事求是。因此，中国政府的施政效能傲视群雄，人民对党和政府的满意度长期居于世界前列，证明了实践主导型治理理念的优越性。其次，实践性是中国共产党人坚持问题导向的理论来源。实践就是关注具体、关注现实、关注问题。马克思主义的实践本性决定了中国共产党将发现问题、解决问题作为自己施政的出发点，"问题是创新的起点，也是创新的动力源。只有聆听时代的声音，回应时代的呼唤，认真研究解决重大而紧迫的问题，才能真正把握住历史脉络、找到发展规律，推动理论创新"①。我国当前反腐倡廉、乡村振兴、治理基层形式主义等方针政策的确立都是问题导向的体现。

　　了解了马克思主义的革命性、科学性和实践性，我们来共同思考一个问题：马克思主义信仰与宗教信仰有什么不同？（1）马克思主义信仰，以事实为依据，建立在正确认识客观规律的基础上，是实践的；宗教信仰建立在"信"的基础上，我"信"因而我信仰。宗教信仰只问"信什么"，而不问"为什么可信"；马克思主义不仅问"信什么"，更问"为什么可信"。马克思主义是理性的、实践的，宗教信仰是感性的、非实践的。（2）马克思主义是救世的，是认识世界与改造世界的学说；宗教是救心的，更多强调自我解脱。打一比喻，马克思主义是治河换水，治水救鱼，认为只有水好，鱼才能成活，追求从整体上改造世界，是科学的；宗教是关注鱼的状况，水是否被污染、是否适合养鱼并不关心。脱离整体去谈个体，脱离现实去谈心境，宗教的拯救功能难免

① 习近平. 在哲学社会科学工作座谈会上的讲话［M］. 北京：人民出版社，2016：14.

陷于虚幻，是非科学的。（3）宗教信仰的对象——上帝是完美的，追
求的目标——彼岸、天堂、来世——是无法证伪的，因此其不能批判，
也无法批判，不具革命性。马克思主义的信仰对象——思想的真理性是
发展的，追求的目标——此岸、人间、现实——是可以证伪的，需要根
据时代不断丰富完善，是革命的。可见，是否具有实践基础上的科学
性、革命性是马克思主义信仰与宗教信仰的根本区别。

四、人民性

为了人民是马克思主义政党制定一切方针政策的出发点、归宿点，
是社会主义区别于封建主义和资本主义的根本标志。"封建"即封邦建
国或分封建制，本质是权力的分配，其基本特点是一切围绕权力转、用
权力评价一切，人被权力异化，是权力的奴隶。资本主义社会以追求
"资本"为最终目标，用资本衡量、评判一切，最终人被资本异化，成
为资本的奴隶。与此不同，社会主义的核心是"社会"。什么是"社
会"？即人民自我管理、自我服务、自我负责的公共组织和空间。如生
活中我们将慈善基金会、红十字会、商会、工会、学生会等部门称为
"社会组织"，这些部门不拥有权力，也不以追求利润为目的，而是服
务人民，促进人的自由全面发展。可见，社会主义的本质是以人为本，
让人成为自己的主人、占有自己的本质。人民性是马克思主义一以贯之
的核心思想，是社会主义的应有之义，也是中国共产党人的核心追求。
如毛泽东同志指出的，"我们的共产党和共产党所领导的八路军、新四
军，是革命的队伍。我们这个队伍完全是为着解放人民的，是彻底地为
人民的利益工作的"[①]。邓小平同志认为要以人民满不满意、高不高兴、
赞不赞成作为检验一切工作的标准。习近平强调，"人民对美好生活的
向往，就是我们的奋斗目标"，在习近平总书记的系列重要讲话中，

---

① 毛泽东. 毛泽东选集：第三卷 [M]. 北京：人民出版社，1991：1004.

"人民"也是出现频率最高的词汇。人民性是马克思主义的根本立场和价值依归。

五、发展性

马克思主义奠基于实践。实践的不断发展，决定了马克思主义理论拥有与时俱进的品质。关注马克思主义发展史，我们发现不仅有西欧的马克思主义，还有俄国的马克思主义、中国的马克思主义；不仅有 19 世纪的马克思主义，还有 20 世纪的马克思主义、21 世纪的马克思主义；不仅有革命时期的马克思主义，还有建设时期的马克思主义、改革时期的马克思主义；等等。为此我们要抛弃那种把马克思主义看作是终极真理、绝对真理的错误观点，不断推动马克思主义时代化、民族化。

思考：为什么儒家思想在传统社会经历几千年的发展后逐渐僵化，进而失去生命力？一是传统社会的统治阶级为了维护儒家思想的权威，不断将其神圣化、教条化，使得儒家思想的革新力逐渐窒息。儒家思想中本有大量"易变"、自强不息、兼容并包的思想，但发展到后来只剩强调尊卑等级、三纲五常的绝对主义和僵化死板的八股文。二是传统儒家的思考方式或历史图式是后退的（厚古薄今），他们总是期待回到三皇五帝的时代、恢复周代的荣光，缺少发展思维和进步眼光。对此汉宣帝曾一针见血地指出："汉家自有制度，本以霸王道杂之，奈何纯任德教，用周政乎！且俗儒不达时宜，好是古非今，使人眩于名实，不知所守，何足委任！"① 可见，没有用发展思维进行自我批判是儒家思想最终失去解释力和生命力的根本。

从发展性的角度思考：我们是否能从马克思主义的经典中挑出哪些是有用的，哪些是无用的，从而对马克思主义进行静态选择？不能。马克思主义的生命力不在文本，而在我们用什么方法来使用它。以教条主

----

① 班固. 汉书·元帝纪［M］. 北京：中华书局，2016：355.

义的态度对待马克思主义，那全部马克思主义都是死的、无用的东西；反之，以发展的态度对待马克思主义，那马克思主义就都是活的、有用的。发展性是实现马克思主义中国化、大众化、时代化的根本，也是其生命力的重要源泉。

科学性、革命性、实践性、人民性和发展性是马克思主义拥有持久生命力的根源，也是其依然具有强大解释力和改造力的根本。为此习近平总书记要求中国共产党人"要把系统掌握马克思主义基本理论作为看家本领"①。毛泽东同志也早就指出，"一切有相当研究能力的共产党员，都要研究马克思、恩格斯、列宁、斯大林的理论"，认为"如果我们党有一百个至二百个系统地而不是零碎地、实际地而不是空洞地学会了马克思列宁主义的同志，就会大大地提高我们党的战斗力量，并加速我们战胜日本帝国主义的工作"②。理解把握马克思主义的鲜明特征，让马克思主义成为我们理解和改造世界的强大武器，是建立马克思主义信仰的前提。

---

① 习近平. 习近平谈治国理政 [M]. 北京：外文出版社，2014：153-154.
② 毛泽东. 毛泽东选集：第二卷 [M]. 北京：人民出版社，1991：532-533.

专题三 如何理解哲学及其基本问题

正确认识思维和存在的关系问题是树立科学世界观和方法论的前提，是一切实践活动、实际工作获得成功的思想关键和保证，是把握马克思主义内涵、思维特点和独特价值的重要基础。

一、什么是哲学

提到哲学，有人会觉得高深莫测，有人会感到枯燥难懂，有人认为其是无病呻吟，有人认为其是通透智慧。那哲学的本意是什么？哲学一词起源于古希腊，本意是"爱智慧"，即人在思考和抽象中去感受探索真理和世界的乐趣。在中国的话语体系中虽然很长一段时期并没有哲学这一名词，但《尔雅》认为"哲，智也"，"学"是指获取系统的知识。所以中国文化中的哲学也是指通过学习给人以智慧、使人通透的一门学问。这一早期认识，既有其独到之处又有其不足。首先，哲学"爱智"的基本内涵意味着人类的精神与物质相分离（虽然从人类发展的历史看，神学、巫术、宗教是人类物质和精神分化的最初表现，但哲学是人的自我理性意识觉醒的第一表现，神学、巫术、宗教意味着人还匍匐于神的脚下，人并没有真正独立），人类开始追求独立的精神、意义和审美世界，能够为思考而思考、为学习而学习、为爱而爱，能够超越具体探索一般，体现了人类的独特与伟大。没有哲学，人类将会平庸、渺小许多。其次，这一概念并没有体现哲学和宗教、科学的区别，并没有体现哲学的唯一性。宗教、哲学、科学都具有"爱智"的特点，都意味着人类摆脱具体、感性、经验，追寻一般、共性和本质。但三者又存在本质区别，简单讲宗教是用非理性回答超验（心证），哲学是用理性回答超验（逻辑证明），科学是用理性回答经验（实证）。而哲学的最初定义并没有体现这一点，意味着早期人类思维还具有混沌性、整体性。与上述两个观点既区别又联系的是马克思主义的哲学观。马克思主义认为："哲学是系统化、理论化的世界观，是对自然知识、社会知识和思维知识的概括和总结，它提供了对于世界以及人与世界关系的全面而深刻的思考。"① 这意味着哲学要解决的是人从哪里来，人为什么活着以及世界的本源、动力、规律等根本问题或元问题、元理论，学习哲学要有抽象思维力和本质概括力。

　　思考：马克思主义哲学、西方哲学与中国传统哲学有什么区别？即马克思主义哲学、西方哲学的意向与中国传统哲学的意向或者说关注焦点有什么差异？西方哲学是"知识论"的发展理路，坚持的是逻辑加实证的理性思维，聚焦的是人如何认识自然、思维和社会规律等基本问题，具有"向外求"的特点，更多聚焦的是"世界观"和"真理观"。此种思维志趣和特点，有利于促进人类科技的发展和对真理的探索，拓展人的认知边界。但对人如何更好地修身、崇德、处理人际关系，实现生命和谐等问题的关注不多。马克思主义哲学是对西方哲学的批判吸收，一方面其依然具有追求真理、探寻规律、尊重逻辑思维的西方哲学特点；另一方面马克思主义哲学又摆脱了西方哲学单纯的"知识论"传统，将历史的实践活动作为自己哲学的立论点，实现了主观与客观、内在与外在、主体与客体、规律与目的、认识世界与改造世界的统一，实现了世界观与方法论、世界观与价值观、认识论与实践论的契合，是一种"新世界观"。与上述两者都不同，中国传统哲学更多的不是"知

---

① 马克思主义基本原理 [M]. 北京：高等教育出版社，2021：17.

识论"，而是"生命论"。其发展理路不是追求逻辑思维的严密性、完整性、体系性，而是追求生命的完整性、和谐性、伦理性，其优势和长处是修身养性，实现人与他人、人与自我、人与环境的和谐统一，实现人内心的自足、安定、平和，具有"向内求"的特点，更多聚焦的是"价值观"和"人生观"。可见，不同的哲学体系，聚焦和关注的核心命题、重点领域有所差异，思维理路、基本方法各有不同。我们应该在坚持马克思主义哲学基本立场、方法、观点的基础上，积极实现马克思主义哲学与西方哲学、中国传统哲学的融合，丰富发展马克思主义哲学观。

二、如何把握哲学的基本问题

1. 什么是哲学的基本问题以及对这一问题的理解

哲学的基本问题是指贯穿于全部哲学问题之中并统帅和制约其他一切问题的根本问题，也是各种哲学流派、思潮争论的根本问题。其与"主要问题""中心问题"的区别是："主要问题""中心问题"是在众多问题当中占有重要地位的问题，是许多哲学家共同关注的问题，但它并不直接规定其他问题；与此不同，"基本问题"是对特定问题域起规定作用的问题，它规定该"问题域"全部问题的特殊性质，离开哲学基本问题理解哲学，就会混淆哲学的边界和性质，就会使"世界观理论"变成某种非哲学的实证知识①。

关于哲学基本问题的争论，集中体现在哲学有没有基本问题，哲学的基本问题是不是思维与存在的关系上。在《路德维希·费尔巴哈和德国古典哲学的终结》中恩格斯提出："全部哲学，特别是近代哲学的重大的基本问题，是思维和存在的关系问题。"② 对这一论断，当前学

---

① 孙正聿. 马克思主义基础理论研究 [M]. 北京：北京师范大学出版社，2019：41.
② 中共中央马克思恩格斯列宁斯大林著作编译局. 马克思恩格斯选集：第 4 卷 [M]. 北京：人民出版社，2012：229.

界主要有四种观点：第一，否认哲学中有所谓"基本问题"，如俞吾金认为从"元问题"的意义出发，哲学基本问题并不存在，它只存在于具体的哲学类型之中①。贺来认为，哲学与其他学科的重要区别在于它的"不定性"，而"把某一特定问题规定为'哲学基本问题'……与哲学的自由创造本性是正相违背的"②。第二，承认哲学中有"基本问题"，但否认这一问题是"思维和存在的关系问题"。如侯才认为哲学的基本问题随时代主题与研究重心发生变化，时代性不是唯一的③。第三，承认哲学中有"基本问题"，但认为"思维和存在的关系问题"只是"基本问题"之一，且不是马克思主义哲学的"基本问题"。如黄楠森指出"思维与存在的关系问题是哲学基本问题之一"，但它"不是哲学的最高问题"，"世界是不是客观存在的、世界是不是统一于物质、物质与运动的关系等比思维与存在的关系问题更高"④。第四，承认哲学中有"基本问题"，而且就是"思维和存在的关系问题"。如刘同舫认为思维与存在的关系问题是包括马克思主义哲学在内的"全部哲学"的"基本问题"⑤。这些观点在逻辑上基本涵盖了对"哲学基本问题"所有可能的理解，而且彼此之间互不相容。

2. 对哲学基本问题的回答要把握几大关系

（1）近代哲学基本问题与哲学基本问题的关系。恩格斯在《路德维希·费尔巴哈和德国古典哲学的终结》中讲到哲学的基本问题时有

---

① 俞吾金. 关于哲学基本问题的再认识 [J]. 北京大学学报（哲学社会科学版），1997（2）：69.

② 贺来. 重新反思"哲学基本问题"——哲学观念变革的重大课题之一 [J]. 北京大学学报（哲学社会科学版），2014（1）：29-33.

③ 侯才. 哲学认识论基本问题不等同于哲学基本问题辨析 [J]. 社会科学战线，1998（6）：64-66.

④ 黄楠森. 正确评价恩格斯关于哲学基本问题的理论 [J]. 马克思主义与现实，1995（3）：9.

⑤ 刘同舫. 恩格斯对哲学基本问题的认识及其当代价值 [J]. 南京大学学报（社会科学版），2019（4）：5-11.

一个限定词汇，即"思维和存在的关系问题"，只是在近代哲学"才被十分清楚地提了出来"，"才获得了它的完全的意义"，这使得思维与存在的关系问题成为"哲学基本问题"具有了表面上的矛盾与冲突。哲学的基本问题贯穿哲学发展过程的始终，但按照恩格斯的观点，思维与存在的关系问题是近代以后，特别是在近代以后的西方哲学中才慢慢成为基本问题的。这也是许多人认为哲学的基本问题具有时代性，思维与存在的关系不是哲学基本问题的重要依据。要理解这一点，先要明确恩格斯之所以认为思维和存在的关系问题在近代以后的哲学中才有完全的意义，是因为在近代哲学的"认识论"转向以前，西方哲学的主流是"本体论"，还尚未自觉地从思维出发去揭示存在，而是脱离思维本身去"独断"世界的存在与发展方式，把外在于实践、历史与人的世界作为认识和解释对象。这时的哲学与科学对客观世界和客观规律的揭示尚未分开，哲学承担着部分科学功能，哲学的反思性、主体性、自觉性没有体现。从这一意义上说，近代以前的哲学是不完整的、非典型的和非独立的。而只要进入对主体与客体关系的思考，就必然会涉及思维与存在的关系，思维与存在的关系也必然会在这一"问题域"中成为哲学的基本问题。可见，真正意义上充满前提性反思，具有主体性和关涉人的世界的哲学必然离不开思维与存在的关系。思维与存在的关系问题是哲学的前提性问题，作为哲学的基本问题贯穿始终，只不过在近代哲学实现"认识论"转向以后更加凸显、更加清晰地被呈现出来了。

（2）不同民族哲学的基本问题与西方哲学基本问题的关系。不少研究者都认识到，不同民族、不同类型哲学的聚焦点和关涉问题与西方哲学以及起源于西方哲学的马克思主义哲学不同。因此有人提出，"思维与存在的关系问题"最多是"西方哲学的基本问题"，而不是"人类哲学（中国哲学）的基本问题"，"就形态和民族而言，哲学有中国哲学、西方哲学、印度哲学之分……哲学形态、民族和类型的不同，必然使得它们会有着不能彼此还原和代替的特殊的'基本问题'"①。这一观点隐含的前提假设是，不同民族和类型不存在对"哲学"的同一定义，不存在贯穿、规定本体论、价值论、认识论、生命论、实践论等不同哲学类型的统一基本问题。但这一假设并不成立，第一，从理论看，当我们能够定义"哲学"这一学科或思维方式时，就必然认同其具有学科或思维共性，否则"哲学"作为一门学科或一种独特的思维方式就不存在。从哲学的独特研究对象、根本性质以及哲学与科学、哲学与艺术、哲学与宗教的根本区别出发，哲学必然有相对于其他学科或思维运动的独特性。如冯友兰先生认为，哲学以外的学科都是"使人成为某种人"，而哲学则是"使人作为人而成为人"。第二，从实践看，不管是本体论、认识论、生命论还是实践论哲学，在现实中都无法离开人的思维去认识、改造世界，也无法脱离人的思维去认识生命与价值问题，离开思维与存在的关系，哲学要么失去"主体"，要么失去"客体"，哲学的意义或功能就会被掏空。因此，不管是什么民族、什么类型的哲学，都不可能脱离思维与存在的关系来思考、把握和改造世界，只是在思维与存在的指向上有所侧重而已。即西方哲学、马克思主义哲学和中国哲学在中心问题、主要问题上是不一样的，但在基本问题上是一致的。

（3）实践和思维与存在的关系问题。按照恩格斯的观点，如果思维与存在的关系问题是"整个哲学"的基本问题，自然也是马克思主义哲学的基本问题，但俞吾金、贺来等学者却认为这只是近代认识论哲学而非马克思哲学的基本问题，马克思哲学的基本问题是"实践"问题。马克思通过创立实践基础上的新世界观已然实现对旧哲学的超越，再将这一问题作为马克思哲学的基本问题无法凸显其思想的独特价值。

---

① 贺来. 重新反思"哲学基本问题"——哲学观念变革的重大课题之一 [J]. 北京大学学报（哲学社会科学版），2014（1）：30.

对于这种观点，可以从以下几方面进行分析：首先，毫无疑问，实践是马克思主义哲学的核心内涵，但实践本身并未脱离思维与存在关系的范畴，它作为实现思维与存在互动的媒介，不仅是思维改变世界、思维作用于存在的重要途径，是检验思维是否正确、促进思维方式转换的"催化剂"，且本身就是思维与存在的统一体或者说是思维与存在统一的基本方式。实践在马克思主义哲学中是核心问题，但不是居于前提性地位的基本问题。其次，从马克思主义哲学最重要的理论贡献唯物史观来看，马克思曾明确表示，唯物史观的核心就是"不是人们的意识决定人们的存在，相反，是人们的社会存在决定人们的意识"，社会意识与社会存在的关系问题是其一系列思想的前提性问题。正是在正确认识这一关系的基础上，马克思阐明了生产力与生产关系、经济基础与上层建筑等之间的关系，为他深刻剖析以及批判资本主义社会奠定了基础。社会意识与社会存在的关系问题作为马克思哲学的前提，本质上仍然是思维与存在的关系问题。

可见，正像孙正聿先生指出的，对于全部科学来说，"思维和存在的同一性"是其"不自觉的和无条件的前提"，但对于哲学来说，"思维和存在的关系问题"是其"重大的基本问题"，这是哲学之为哲学的根本特性，也是哲学之为哲学的根本价值①。

三、哲学基本问题的实践与理论意义

1. 哲学基本问题的提出为理解整个哲学史提供了基本线索。人类早期开启对世界的追问以来，便产生了纷繁复杂的哲学思想，形成了大大小小、不计其数的哲学流派。从历时态的角度出发，可以将哲学划分为古代哲学、中世纪哲学与近现代哲学等；从共时态的角度出发，近现代哲学可被划分为德国古典哲学、马克思的实践哲学与维特根斯坦的语

---

① 孙正聿. 哲学通论［M］. 北京：北京师范大学出版社，2020：155-165.

言哲学等；从哲学关注的具体问题出发，又可将哲学划分为本体论哲学、认识论哲学、生命论哲学等。这些划分方式对分辨整个哲学史的流派有所裨益，但不能作为划分整个哲学史的标准。恩格斯将思维与存在的关系问题作为哲学的基本问题，为实现对整个哲学史的把握提供了一条基本线索。

2. 哲学基本问题的提出深化了对马克思主义哲学性质的理解。历史唯物主义首先是一种唯物主义，它承认存在对思维的优先性，这就同将"知识""理性""精神"等作为世界本源的唯心主义哲学划清了界限。但同一般的唯物主义不同，历史唯物主义聚焦于"现实的人"，并将改造世界诉诸人的实践活动，能够"见物又见人"。在传统哲学的框架中，历史要么在精神活动中完成自身，要么人被淹没于存在之中，无法恰当地反映思维与存在的关系。马克思主义哲学革新的关键在于，它在思维与存在的互动中把握社会历史的发展，通过实践达至"解释世界"与"改变世界"的统一。

3. 有利于我们明确哲学的本质。从思维与存在的关系出发，就能很清楚地区分哲学与常识、科学、宗教的差别，进而更好地明确其学科对象与边界。（1）哲学与常识不同：在常识概念框架中，"物质""存在"是指各种各样可感的"东西"。常识来源于、适用于、服务于经验，概念围绕表象转移、概念为表象服务，对事物的认识极其有限且不具有批判性。与之不同，在哲学的概念里，"物质"是指不依赖于人的意识而又能为人的意识所把握的"客观实在"。哲学的最终来源虽然也是人们实践中的经验，但它是对经验的超越，而不是对经验的"延伸"或"变形"。（2）哲学与科学不同：科学是以理论思维去抽象、概括、描述和解释思维对象（存在）的运动规律，在理论思维层面实现思维与存在的统一。哲学则是反思"思维与存在的关系问题"，把科学活动及其理论成果作为被反思的对象，是对科学的前提性反思①。如研究桌子，科学是研究桌子的材料、结构、功能等，主要是对桌子这一客体的探讨。而哲学是要追问它为什么叫桌子，能不能叫椅子；桌子和椅子之间的根本区别是由人的认识决定的还是由实体决定的；一个在人的实践和意识之外的桌子对个体来说是不是一种"存在"。其探讨的是客体与主体，物质与意识的关系。（3）哲学与宗教不同，宗教是"恐惧的产物"，是思维认识、改造世界能力不足的结果，是思维脱离存在的反映。反之，哲学是人类对思维与存在关系理性思考、批判反思的结果，是人类用思维把握、改造存在的产物，两者在性质、目的和本源上存在根本不同。

只有准确把握哲学以及哲学的基本问题，才能深刻理解马克思主义哲学的思维方式和特点，才能更好地用马克思主义哲学认识、改造世界。

---

① 孙正聿. 哲学通论 [M]. 北京：北京师范大学出版社，2020：108.

专题四　如何理解物质决定意识

　　哲学作为系统化、理论化的世界观，探讨的是世界的"元理论""元问题""元意义"。要回答这些问题，首先就要关注物质和意识的关系问题，这一关系是人类社会生活基本矛盾在观念形态上的集中反映，是建构科学世界观的根本。

一、物质和意识的基本内涵

　　物质范畴是辩证唯物主义世界观的基石，是哲学的基本概念之一。马克思主义唯物论在吸收人类一切优秀文明成果的基础上，跟踪社会科学和自然科学最新理论成果，科学界定了物质概念。19世纪80年代，马克思和恩格斯在同唯心主义的斗争中就提出"物、物质无非是各种物的总和，而这个概念就是从这一总和中抽象出来的"①。在这里，马克思和恩格斯虽然没有直接为物质下定义，但是提出了界定物质概念的重要方法论原则：物质不是指具体的、个别的实物，而是对实物"总和"的抽象。这个抽象是一个怎样的过程呢？就像我们说撒贝宁和何炅都是主持人，加上胡歌，都是名人，加上一匹马都是动物，加上一棵树都是生物，加上一座山就都是物质。因此哲学上的"物质"不是指

　　① 中共中央马克思恩格斯列宁斯大林著作编译局. 马克思恩格斯选集：第3卷［M］. 北京：人民出版社，2012：939.

个性，而是指共性；不是指"多"，而是指"一"。对物质概念的科学界定，直到20世纪初才由列宁完成，列宁认为，"物质是标志客观实在的哲学范畴，这种客观实在是人通过感觉感知的，它不依赖于我们的感觉而存在，为我们的感觉所复写、摄影、反映"①。在这里列宁通过物质与意识的关系界定了物质概念，明确客观实在性是物质的唯一特性，而客观实在性就是指不以人的意志为转移。如教室、椅子、个人，人的行动、生活的客观环境以及能量、磁场等都是客观实在，不管我们想不想它、看不看它、喜不喜欢它，它都在那里，不悲不喜，不依赖我们的意识而改变，都是物质或都具有物质性。可见，哲学上的"物质"范畴是对物质本质的最高概括和抽象，与物理学和经济学的物质概念存在根本区别。那"存在"和"实在"是一回事吗？两者有怎样的区别与联系？在哲学基本问题或本体论的范畴里，"存在"与"客观实在"属于同一含义的概念，都是指独立于人们意识之外的实实在在的存在，是世界的本源，这是唯物主义的根本观点。所以哲学基本问题里的"思维"和"存在"的关系也可称为"意识"和"物质"的关系。从现实维度或认识论的角度看，"存在"不仅指客观存在的物质形态和物质现象，也包括现实存在的意识现象。同时，"客观实在"仅是一个哲学概念，而"客观存在"不仅是一个哲学概念，还是一个在现实经济、政治、法律等各个领域广泛使用，确认事物真实存在的概念。可见，"存在"外延大于"客观实在"。在马克思主义哲学里，脱离基本问题或本体论范畴，"客观存在"不能用来表述物质概念，否则我们就无法界定物质与意识的区别，从而造成思维混乱。

意识是人脑的机能和属性，是客观世界的主观印象。人脑为意识的产生提供了生理基础，物质世界则为意识的产生提供了根本来源。意识

---

① 中共中央马克思恩格斯列宁斯大林著作编译局. 列宁选集：第2卷［M］. 北京：人民出版社，1995：89.

不能脱离物质和人脑独立存在。

二、为什么说物质决定意识

先来思考以下两个问题：第一，关注下面两组照片，大家感觉这两组照片的艺术风格一致吗？

a-1仰韶文化人面鱼纹彩陶盆

a-2马家窑文化舞蹈纹彩陶盆

b 三星堆青铜面具

图4-1

存在根本差异。原因是这两组照片来源于不同时代，形成于不同的物质条件下。第一组照片反映的是原始社会的生活场景。其艺术形象具有生态盎然、稚气可掬、贴近自然的特点，因为当时的社会内部没有剥削、等级和压迫。第二组是反映奴隶社会的，虽然依然有古朴之风，但由于社会具有森严的阶级性，阶级之间充满斗争和对抗，统治者为了维护自己的统治，需要通过神秘、威严的艺术来不断强化自己统治的神圣性，所以这一时期艺术的总体特点是神秘恐怖、难以亲近、狞厉肃杀。可见，艺术风格的差异源于不同时代的客观条件，意识是对物质的反映。第二，通过视频来欣赏中国两种代表性的曲艺：昆曲和秦腔。大家一听，就能发现两者在风格上的巨大不同。昆曲产生于江苏，江苏地势平坦、气候温润、生活较为丰裕，所以其特点是行腔优美、缠绵婉转、柔曼悠远；秦腔产生于陕西，陕西黄沙千里、沟壑纵横的地理环境使得其朴实粗犷、高昂激越、强烈急促。说明意识（即使是美术、曲艺这些相对独立的意识）依赖于物质，依赖于具体的时空环境，物质决定意识的内容和变化。正是在此意义上，马克思指出"观念的东西不外是移入人的头脑并在人的头脑中改造过的物质的东西而已"①。"不应忘记，法也和宗教一样是没有自己的历史的"②，即法和宗教作为意识，不具有完全的独立性和自主性，无法脱离物质而存在。要真正理解一个人和一个时代的观念，就要深入地对个人及这个时代的物质条件进行分析。

物质决定意识，先有物质后有意识。那现实生活中为什么会出现"神""鬼""龙""上帝"等这些现实中没有对应物质的观念和思想？这说明意识具有独立性和先在性吗？不是的，因为这些意识的背后依然有其物质根源。如神其实是人的夸大或缩小，中国人熟悉的玉皇大帝和各路神仙不过是人间帝王和文武百官的反映。现在的考古也证实，中国人观念中主导性神仙的出现就是在秦以后，与人间统一的时间基本一致；中国人崇拜的图腾"龙"是早期各部落在融合、统一过程中将各自的图腾"虎、豹、蛇、鸟"等组合到一起形成的，不是凭空而来。又如，大家会发现大部分科幻电影里的外星人都说英语，为什么？因为

---

① 中共中央马克思恩格斯列宁斯大林著作编译局. 马克思恩格斯选集：第2卷［M］. 北京：人民出版社，2012：93.

② 中共中央马克思恩格斯列宁斯大林著作编译局. 马克思恩格斯选集：第1卷［M］. 北京：人民出版社，2012：213.

现实中英语世界的国家较为强大。中国传统的神话人物都是腾云驾雾、长翅膀或骑神兽飞行，而日本的铁臂阿童木却是直线升空，与中国所有传统神话人物的飞行方式都不同。根本在于中国传统神话人物产生的时候，现实中还没有直线飞行的东西可供借鉴，而铁臂阿童木的产生却是在火箭发明以后。可见，不管正确的还是错误的、理性的还是荒诞的，所有意识都是对物质的映照，没有脱离物质的意识，没有凭空而来的想法。

物质是意识的根源，但人的意识能将人幻想成神，将虎、豹、蛇、鸟等组合成龙，说明人的意识虽然不能脱离物质，但却能对物质进行加工、选择和创造，具有相对独立性和能动性。因此，在强调物质决定意识的同时，要注意两点：一是不能认为有什么物质就有什么意识。同样出生于贫苦家庭，有些人会更加努力去改变命运，有些人却在怨天尤人中消极颓废，环境相似，意识不同。中国共产党人在物质条件极端恶劣的情况下，依然为人民谋幸福、为民族谋复兴，说明不是有什么物质就有什么意识。二是不能认为物质比意识更重要。物质决定意识，是从意识产生的根源、来源的角度讲，不是从重要性的角度讲，切忌把物质决定意识理解为"物质主义"或"机械的物质决定论"。马克思一生都在批判资本主义的商品、货币和资本拜物教，一生都在致力于使人类摆脱物质奴役，实现人的自由全面发展。习近平总书记也多次强调革命理想高于天。可见，唯物主义绝不是"物质主义"，学习唯物主义不是让大家变成拜金主义者或功利主义者，而是希望大家都能在脚踏实地、尊重现实的基础上去仰望星空、追寻理想。

三、这一原理的方法论启示

1. 马克思主义唯物论是我们明辨历史的根本。如女娲和伏羲是兄妹或夫妻？女娲是人首蛇身吗？在西汉出土的文物中，女娲和伏羲缠绕在一起，且都是人面蛇身（见图4-2），所以有人认为他们是兄妹或夫妻，这一观点正确吗？这一问题似乎很难回答，时间太久远，我们也不是考古学家，但只要按照物质决定意识的逻辑来分析，就可发现：女娲作为女性能成为中华民族的创世神，说明她产生于女性占统治地位的母系氏族时期。伏羲作为男性创世神只能产生于父系氏族时代，母系时代、父系时代两者至少差了上千年，因此两人不可能是兄妹或夫妻。同时，由于女娲是母系氏族的代表，它不可能是人面蛇身，因为蛇、牛、熊、鸟等都是男性图腾或男性生殖崇拜（伏羲是人面蛇身应该没错）。女性图腾往往是鱼和蛙，代表女性强大的繁衍能力。女娲真正的形象不是人面蛇身，而是人面蛙身，女娲应该是女蛙。这一点已被考古所证实（详情可参见五千七百年前的马家窑文物）。

图 4-2 （汉朝）郫县一号石棺伏羲女娲图

图 4-3 （新石器时代晚期）马家窑类型蛙纹

同样，《易经》中的"乾""坤"卦序最早就是"乾"在上，"坤"在下吗？我们知道，乾代表天、代表男，坤代表地、代表女。《周易》中乾卦在上、坤卦在下，说明周朝已经进入父系时代，这一点可以通过周朝建立了以男性血统为核心的宗法族制得以佐证。但人类最早是母权时代、母系氏族，所以《周易》应不是中国最早的《易经》，对此《三字经》有过描述："有连山、有归藏、有周易，三易祥"，但一直没证实，直到 1993 年 3 月，湖北王家台 15 号秦墓出土了商代易经《归藏》，发现其乾、坤卦序是颠倒的，即坤在上，乾在下，说明商代依然保有浓厚的母系氏族遗风，这一结论与商代以"兄终弟及"为主体的帝国谱系是契合的——兄弟之间传承说明在父亲去世后，他们的母亲拥有巨大的权力或权威。可见，了解物质决定意识，就能更好地把握历史发展脉络，明辨历史真相。

2. 马克思主义唯物论是我们把握、洞察现实的根本。为什么现实中会存在"代际矛盾"和"代际误解"？归根结底是因为每代人所生活的物质环境不同，导致认识、思维不同，因此存在代沟。同样，为什么中美关系会从"战略协作伙伴"走向"战略竞争对手"？1997年中国与克林顿政府建立了"建设性战略伙伴关系"，2017年年底，特朗普政府发表国家安全战略报告，将中国作为"战略竞争对手"；2021年美国通过的战略竞争法案，强调从五个方面与中国展开战略竞争。中美关系为什么会发生如此重大的转变？网络中有人从文明冲突论、制度冲突论、道路冲突论进行解释，但这些观点都没有抓住根本，根本原因是美国认为中国的强大会损害、威胁、动摇其全球霸权和根本利益。所以只要我们迈向民族复兴，中美关系的动荡早晚要来，对此我们要有心理准备、保持战略定力，踏实走自己的路。

3. 马克思主义唯物论是我们预判、谋划未来的根本。从物质决定意识出发，可以判断未来20年是中国的战略风险期。因为今天的中国正处于"船到中流浪更急，行至半山路更陡"的阶段，是将起未起之时。此时，我们的对手会对中国的快速发展感到恐慌、恐惧；同时会认为一旦中国实现了复兴，遏制、围堵就不可能了，当前是最后的机会。因此我们对手的策略必然是挑衅、激进和极端的，反之我们战略的主轴应是保持定力、稳定和低调。同样，从物质决定意识的原理出发，大家思考培育、践行社会主义核心价值观的关键因素是什么？实现经济共享、推进共同富裕。因为物质分化导致阶层分化，阶层分化带来思想分化。培育社会主义核心价值观的核心是要构建全民族的价值共识，以凝心聚力、共同奋斗，其面对的主要挑战就是思想的分化与对立。要消除思想分化，就要减少阶层差距；减少阶层差距，就需实现经济共享。否则，人们可能在教育中接受了某一共同价值，但回到现实中又会因为阶层分化导致观念分裂，社会主义核心价值观的培育就难以完成。

意识具有自己的独立性，但不能脱离物质而存在。任何的意识都有其物质根源，都受物质制约。因此，物质决定意识。坚持物质决定意识，是形成正确世界观的基础，是我们科学分析历史、把握现在和预判未来的根本。

专题五　意识的本质及作用

自从人类出现以来，世界上除了物质以外，还有意识。意识与物质的关系是哲学的基本问题，也是人们理解生活的重要命题。那什么是意识？意识在人类发展中的作用如何？物质与意识的关系带给我们怎样的启示？

一、意识的内涵

意识的内涵可以概括为相互联系的两个方面：从起源看，意识是自然界和人类社会长期发展的产物；从本质看，意识是物质世界的主观映象。把二者结合起来，才能科学地把握意识的本质。

从意识的起源看，意识是自然界和人类社会长期发展的产物。第一，从意识形成与发展的自然过程看，其经历了三个阶段：一切物质的反映特性和低等生物的刺激感应性，高等动物的感觉、心理以及人的意识。石头、木头会被风化，钢铁会生锈，花用手去触碰会收拢，树刮掉皮会流出树汁等是物质反映特性和低等生物刺激感应性的具体体现，这一点较好理解。但高等动物的感觉、心理与人的意识的差异却较难区分，不少人会疑问，鹦鹉会说话、猩猩会简单使用工具、狗狗能感受情绪和心理，怎么说它们没意识？高等动物的感觉、心理与人的意识的根本区别在哪？两者的根本区别在于劳动基础上创造力和超越力的差异。具体而言，劳动为人意识的产生和发展提供了客观需要、生理基础。劳动的过程中，人的大脑不断完善，产生了如"语言中枢""前额叶"等特殊组织结构，为人创造出复杂的语言、文字系统，并通过语言和文字将知识、经验转化为教育，为实现知识代际传承和形成共同意志奠定了基础，使得相对于其他动物来说，只有人类才拥有不断改造世界、超越自然环境的能力。如今天的人类与一万年前的人类对自然环境的依赖度根本不同，现在我们生活的世界（声、光、电、网）几乎都是人类后天创造出来的，人类依托自然世界创造了一个新的人化世界。但所有动物与一万年前的祖辈所需要的生存环境却没有根本区别（北极熊如果离开北极或离开与北极相似的环境，它就无法生存），说明动物不能摆脱对自然的高度依赖。可见，动物的感觉和心理与人的意识在创造力、超越力上存在根本差异，意识是人的特有属性。第二，意识是社会历史发展的产物。意识不仅具有自然性，还具有社会性。人脑的产生只是为意识创造提供了生理基础和可能，但这种可能能否变成现实，还要看人的社会环境和社会实践。如我们发现，孩子刚出生时，虽然大脑已基本长成，但他（她）们不会语言、不会思考、不会察言观色、不会前倨后恭，他（她）们既不崇高也不自私、既不善良也不丑恶，他（她）们思想中所有的好坏、是非、公私、美丑都是后天环境与实践给染的色。因此马克思说："意识一开始就是社会的产物，而且只要人们存在着，它就仍然是这种产物。"① 而不同国家的历史、文化、社会阶段、发展条件存在重大差异，因此我们要反对普世价值论，坚定文化自信，构建中国自主的知识体系。

从本质看，意识是物质世界的主观映象，是客观内容和主观形式的统一。先有天，才会有关于天的概念；先有人，才会有对人的认识；有中国不断强大的现实，才会有中国人日益增强的自信；有金钱在现实中

---

① 中共中央马克思恩格斯列宁斯大林著作编译局. 马克思恩格斯文集：第 1 卷 [M].
北京：人民出版社，2009：533.

的巨大作用，才会有拜金主义的出现。意识来源于对物质的反映，物质决定意识。意识是一种特殊的物质，但并不是物质，它具有主观形式，这种主观形式表现为以下三个方面：一是意识呈现的主观性。这一刻我想你，这一想法就存在，下一刻不想你了，这一想法就不存在，说明其形式是主观的，客观物质不具备这一特点。二是个体意识之间的差异性。对同一事物，不同的主体会有不同的反映、不同的认识。三是意识的创造性。意识不是对物质的简单摹写，而是有选择、有加工、有创造，带有主观能动性。同时意识反映的内容是物质，物质是客观的，所以意识的内容是客观的。我想这张桌子，内容是桌子，桌子是客观的。意识是客观内容和主观形式的统一。

不仅正确的思想是对物质的反映，错误、荒谬或扭曲的思想也是对物质的反映。"神""鬼""怪""上帝"等都不过是人或动物形象的奇异化、美化或丑化，神之间的关系、秩序、制度等不过是人类社会关系、秩序和制度的缩影，中国神像中国人、外国神像外国人就是重要佐证。说明所有的意识都是对物质的映照。带给我们的启示是，当我们在现实生活中感觉某些人的观念、思想、价值"奇葩""怪异""不可理喻""不好理解"时，不应站在自己思维的角度去轻易否定或简单排斥，而要深入这个人的经历和环境中去分析思考，如此才能更好地彼此包容、理解。

二、意识的相对独立性和能动作用

物质决定意识，但同时意识具有能动性，对物质具有反作用。意识的能动性是指人的意识所特有的积极反映世界与改造世界的能力和活动。具体体现在：

1. 意识活动具有目的性和计划性。意识能动性的重要表现之一是人们在认识和改造世界的过程中不是盲目的、自发的、无意识的，而是实践之前总要制定蓝图、目标、规划等。就像马克思所说"最蹩脚的建筑师从一开始就比最灵巧的蜜蜂高明的地方，是他在用蜂蜡建筑蜂房以前，已经在自己的头脑中把它建成了。在劳动过程结束时得到的结果，在这个过程开始时就已经在劳动者的表象中存在着即已经观念地存在着"①，这是人与动物的根本区别，人按照自己的目的塑造世界，让世界变成自己想要的样子。在这一过程中人一方面会根据最终结果来反思、总结、提升自己的认识，不断积累、提高、超越，动物却无法做到。另一方面，人能够按照一明确目标持续努力、不断推进深化。如为了实现中华民族伟大复兴，中国人民已持续奋斗了一百多年；为了实现社会主义现代化，我们已奋斗了七十多年。而动物不能。从世界政党对比看，能够一张蓝图绘到底、一届接着一届干是中国共产党的独特优势。

2. 意识活动具有创造性。观察现实可以发现，第一，人通过发挥意识的创造性，在纯粹自然之外创造了人类社会，摆脱了对纯粹自然的完全依赖，实现了对其他动物的超越。第二，意识的创造建构了人的意义世界。精卫填海、夸父追日、牛郎织女、梁山伯与祝英台幻化成蝶可能并不存在，但人类通过意识的创造与想象，赋予了自身以坚韧不屈和浪漫诗意，父亲节、母亲节、情人节、重阳节客观上也只是一个普通的日子，但因为意识的创造性却拥有了温情与暖意。第三，人痛苦或犯错误的根源之一是意识脱离实际和客观，随意创造。如两个学生在聊今天中午的饭好不好吃，但某个同学却觉得他俩在说自己坏话，然后苦闷、压抑、愤怒；同样，今天的中国无意改变世界秩序，挑战或取代美国，但美国却觉得中国"亡他之心不死"，进而对中国围堵打压。带来的启示是，生活中我们要勇于想象、敢于创造，但不能空想、瞎想，不能凭空创造、无中生有，而应依据现有客观条件把"自在之物"变成"为

---

① 中共中央马克思恩格斯列宁斯大林著作编译局. 马克思恩格斯文集：第 5 卷 ［M］. 北京：人民出版社，2009：208.

我之物"，避免意识凭空想象带来的痛苦与焦虑，实现真正认识和改造世界的目的。

3. 意识具有指导实践改造客观世界的作用，这是意识能动性作用的最突出表现。意识指导实践，意识的深度、广度、正确度会影响实践的深度、广度和正确度。关注中国及人类历史可以发现，实践突破、现实变革的先导往往源于意识的解放与突破。如欧洲的资产阶级革命源于文艺复兴和启蒙运动所带来的"理性、科学、人本"精神的确立；中国现代性的开端源于新文化运动的启蒙；中国改革开放的开启源于"关于真理标准问题的大讨论"所带来的思想解放。也正是因为意识会指导、影响实践，所以几乎所有国家、民族都把建构健康、积极、正面的集体意识（民族文化）当作重要任务。当前发达国家主要出自两大文化圈，即以欧美为代表的新教文化圈和以东亚、东南亚的日本、亚洲四小龙为代表的儒家文化圈。一个重要原因是这两种文化都强调教育、职业道德和努力进取的重要性。同样，错误的意识也会阻碍人类社会的发展。这个世界没有神，但神的观念却统治了人类几千年；小脚并不美丽，但裹小脚却延续了一千多年；男人并不比女人尊贵，但男尊女卑的观念却使无数女性在传统社会惨遭厄运。可见，谁拥有意识的话语权和引导力，谁就具有塑造世界和维护统治的能力。

4. 意识具有指导、控制人的行为和生理活动的作用。精神与物质相连，心理与生理相通。一个人的意识（心理）积极、健康，其行为就更积极、健康；一个人的意识（心理）消极、虚脱，其行为容易就消极、无力，中国古人讲的"笑一笑、十年少""心静自然凉"表达的都是这一道理。现代医学也发现，最容易得癌症、抑郁症的人往往都是不能很好疏导心理压力的人，最突出的表现是一种叫作"癔症"的病情。如有一天"我"在大街上被狗咬了，这个狗没有狂犬病病毒，但"我"总担心自己得了狂犬病，然后去网上查狂犬病的症状，越看越觉得"我"有，焦虑、恐惧和自我暗示越来越厉害，一段时间后，"我"

真地出现了头痛、身体抽搐、四肢麻木等真正狂犬病的症状。可见，心理健康是身体健康的基础，心理的恐惧、焦虑、压力会带来生理上的明显病变。心理与身体，两者不可偏废，还是毛主席说的好，"文明其精神，野蛮其体魄"。

三、实现尊重客观规律与发挥主观能动性的统一

物质决定意识，意识反作用于物质的辩证统一决定了在现实中我们要实现尊重客观规律和发挥主观能动性的统一。

首先，发挥人的主观能动性必须以认识和尊重客观规律为前提。规律是物质运动中所固有的本质的、必然的、稳定的联系，其根本特点是不以人的意志为转移的客观性。这意味着规律虽然很多时候看不见摸不着，但人一旦违背它就会受到惩罚。如资本主义经济危机周期性出现是因为其违背了生产关系要适应生产力的基本规律；中国传统社会分久必合、合久必分，是因为其没有顺应实现人民民主和推动自我革命的基本规律；中国足球长期走不出去，是因为其没有顺应足球发展规律。只有把握规律、尊重规律、顺应规律，才能正确地认识世界和改造世界，才能获得成功，才能实现真正的自由。对此，恩格斯和毛主席都有过精准论述，恩格斯说"自由不是在幻想中摆脱自然规律而独立，而在于认识这些规律，从而能够有计划地使自然规律为一定的目的服务"[①]，毛主席说自由是对必然的认识和对客观世界的改造。理解这一点，我们就能理解为什么越自律越自由？因为自律的本质是尊重规律。如不熬夜、不暴饮暴食、不吃垃圾食品、不躺着不动、不过度焦虑，符合人的健康规律，就能实现健康自由。可见发挥主观能动性、强调人的自由，绝不是肆意妄为、放纵自我、跟着感觉走，而是要在尊重规律的基础上发挥

---

① 中共中央马克思恩格斯列宁斯大林著作编译局. 马克思恩格斯文集：第 9 卷［M］. 北京：人民出版社，2009：120.

人的积极性、主动性、创造性，否则只会适得其反，因此要反对唯意志论。这种观点夸大意识的能动性，否定规律的制约性，强调人定胜天，心有多大舞台就有多大，人有多大胆、地有多大产等错误观念。

其次，在尊重客观规律的基础上，充分发挥主观能动性。规律虽然不可消灭和创造，但可以被认识、利用，人不是规律的奴隶，不应听天由命，而应发挥主观能动性，让规律为"我"服务。要反对否定意识能动性的机械决定论。这一观点认为人在规律面前无能为力，只能听命于客观规律，强调听天由命、生不逢时等错误观点。诞生于中华民族生死存亡时刻的中国共产党，面对三座大山的压迫，如果消极颓废、听天由命，就不会有现在中华民族进入不可逆转的历史进程的光明前景；如果以习近平同志为核心的党中央面对腐败较为严重的局面，不敢斗争、不善斗争，怎么会有现在反腐败斗争取得压倒性胜利的突出成就。同样，虽然今天我们国家面临不小的风险、挑战和压力，但只要全体中国人民在尊重规律的基础上团结奋斗、砥砺前行，就一定能够实现中华民族的伟大复兴。

物质决定意识，同时意识具有相对独立性和能动的反作用。这要求我们在尊重客观现实和规律的基础上发挥主观性，既反对机械决定论又反对唯意志论，实现物质富足和精神富有、硬实力和软实力、合规律性与合目的性的统一。这一原理为我们更好地认识世界、改造世界提供了根本指引。

专题六　事物的普遍联系及启示

联系和发展的观点是唯物辩证法的总特征、总观点。要了解马克思主义如何观察世界、如何考察物质的存在方式，就要对其联系观进行分析把握。

一、联系的内涵

恩格斯曾说，"当我们深思熟虑地考察自然界或人类历史或我们自己的精神活动的时候，首先呈现在我们眼前的，是一幅由种种联系和相互作用无穷无尽地交织起来的画面"① 说明世界是一个交织联系的整体。我们先通过一个案例来感性把握事物的联系性。一个青年引发的动荡、流血、对抗——香港修例风波的起源及影响。2018 年 2 月，香港青年陈同佳在台湾杀害怀孕女友，潜逃回港，并盗刷其女友信用卡。其犯罪地点在台湾，而香港与台湾之间没有签订司法互助条例和移交逃犯协议，该男子无法被移交至案发地台湾受审，香港警方只能以"洗黑钱罪"判处其 29 个月有期徒刑。面对这一重大法律漏洞，为避免类似现象再次出现，香港特区政府于 2019 年 2 月 15 日向立法会提出建议草案，推动修订《逃犯条例》和《刑事事宜相互法律协助条例》（简称修

---

① 中共中央马克思恩格斯列宁斯大林著作编译局. 马克思恩格斯选集：第 3 卷 ［M］. 北京：人民出版社，2012：395.

例），方便香港与内地、澳门地区、台湾地区的逃犯移交。但这一合理行为被国外反华势力和香港反动势力利用，从 2019 年 6 月起，香港反对派和激进势力进行"反修例"暴力游行，持续一年多，给香港经济社会发展带来重大损失。为遏制这一暴恐运动，维持香港繁荣与稳定，2020 年 6 月 30 日全国人大常委会通过《中华人民共和国香港特别行政区维护国家安全法》并经国家主席颁布施行。美国等西方部分国家以中央干预香港司法独立、损害香港人权为借口，加大对中国的制裁与遏制，造成了世界形势的进一步动荡。可见，一个青年撬动了香港局势、中美关系和整个世界，万事万物都处于相互联系之中。那什么是联系？联系是指事物之间（一事物与它事物：如人与人、单位与单位、国家与国家之间）及其事物内部诸要素之间（如以个体为单位，我们的价值和我们的行为、我们的大脑与我们的手、我们的心脏与我们的血液之间）相互影响、相互制约和相互作用的关系。

二、联系的特点

1. 联系具有客观性。唯物主义联系观认为联系是事物本身所固有的，不以人的意志为转移，人不能凭空"创造"一种联系强加给客观事物，也不能任意"消灭"事物之间所固有的联系。如太阳与地球之间的联系是客观的，不以人的意志为转移；我们生活在一个与他人相互影响的世界中，不管认没认识到，它都客观存在。反之，唯心主义联系观认为，事物之间的联系是由人的观念和某种客观意志决定的。如现实中的数字崇拜和数字忌讳，有人认为有 8 就发，有 6 就顺，有 4 就死。以至 2008 年 8 月 8 日、2009 年 9 月 9 日、2010 年 10 月 10 日、2012 年 12 月 12 日等日子都有大量的人求婚、结婚甚至通过剖宫产的方式提前迎接孩子的出生，有神论者认为信仰上帝就能得救，不少宫廷嫔妃以为扎小人就会使人遭殃，现在的许多年轻人认为星座决定性格等都是主观联系观的体现。主观联系观由于否定客观条件的制约，强调唯意志论，错误显而易见。但有个问题需要思考：宗教信仰等唯心主义联系观产生的根源是什么？为什么现代社会依然有大量的人信奉唯心主义联系观，局部甚至越来越多？一般逻辑，科学越进步、人类越理性，人们会更多认识到上帝、天堂、来世等并不存在，唯心主义联系观就会破产。但我们发现并非如此，唯心主义联系观在现代社会依然有市场，在于唯心主义的根源不仅是知识的匮乏，还有内心的恐惧。而科技越发展，社会变化速度越快，人们的不安全感和恐惧感就会越强——工作随时会失去、知识随时会过时、爱情随时会闹掰、婚姻随时会破裂——在什么都不确定的环境下，人们的恐惧或说不安全感日益增长，就需要通过一些主观想象、永恒假定来安慰自身，给予自身以安全感和确定感。所以我们发现信奉星座的人中女性比男性多，因为女性在爱情、婚姻中更加脆弱或说抵抗风险的能力更差；信神的人中老人比年轻人多，因为老年人的无力感更强。要消灭唯心主义联系观，仅仅推动科技进步和唯物主义教育还不够，还要建立保障体系、救助体系、关怀体系等，让民众在生活中感觉安全、对未来确信、找到自我的存在，才有根本效果。

2. 联系具有普遍性。联系的普遍性是指一切事物以及事物内部的各要素之间都不能孤立存在，都同周围的其他事物有某种联系，整个世界是一个相互联系的统一整体。这要求首先要有整体思维，避免孤立、分化、静止地看问题。手从身上剁下来还有用吗？没用，整体不是简单的部分之和，而是部分之间的有机联系。同样，经济、政治、文化、社会、生态相互影响、相互制约，国家要实现持续发展，就必须推进"五位一体"的总布局。其次，要求我们要看到事物之间的因果链条。有些人学习工作不努力，难以得到别人的赞美认可，感觉自己哪都不行，对生活失去热情，进而怨天尤人、放弃自我，然后进一步失去努力的动力，形成恶性循环的因果链条。当下美国社会政治经济陷入混乱和动荡，根源在于美国经济过度金融化，导致美国的贫富差距扩大（2009年美国的"占领华尔街"运动的诉求就是抗议1%的金融资产阶级剥削了99%的普通民众），使得人们对精英和建制派不信任，孕育了美国的民粹主义。民粹主义支持反传统、反建制的特朗普上台，特朗普的极端化又进一步加剧了美国的种族和阶级对立。现在特朗普下台了，但只要美国金融资本占统治地位的现状不变，特朗普主义就可能以各种形态卷土重来。可见，事物是统一的整体，一要求我们用系统的观点看问题，二要求我们看到事物背后的联系链条，透过现象看本质。

3. 联系具有多样性。联系的多样性是指事物现象和过程的联系方式是极其复杂和多种多样的。从不同角度看，事物的联系可以分为：（1）直接联系与间接联系。如城门失火、殃及池鱼，火与水的干涸之间是直接联系，火与鱼死之间是间接联系；"我"在单位被领导骂了，心情不爽，回家对孩子发脾气，领导骂"我"与"我"生气之间是直接联系，领导骂"我"与"我"孩子受气之间是间接联系。（2）内部联系与外部联系。以中国为例，其人民之间的联系就是内部联系，与其他国家之间的联系就是外部联系。（3）本质联系与非本质联系。"种瓜得瓜，种豆得豆"是本质联系；一棵瓜秧结几个瓜、一个豆荚结几粒豆，则是非本质联系。（4）必然联系与偶然联系。苹果熟透了要掉到地上，这是必然联系，但掉到哪个人的头上，是偶然联系；资本主义生产方式与经济危机之间是必然联系，什么时候发生经济危机是偶然联系。思考：了解联系多样性的意义何在？要求我们从事物复杂多样的联系中，找到事物内部的、本质的、必然的联系，把握事物发展规律，按客观规律办事，达到改造世界的目的。

4. 联系具有条件性。条件是指对事物存在和发展发生作用的诸要素总和。首先，任何事物的联系都是有条件的，总是在一定条件下产生、发展、灭亡。"我"与同学们之间的联系，条件是"我"在这里教书，同学们考入了这所学校，两个条件差一，联系就无法发生；燃烧必须具备氧气、温度达到燃点、可燃物三个条件，缺一不可。其次，联系随着条件的产生、变化而产生、变化，这需要我们做到三点：一是发现事物联系的条件。要看到努力是成功的条件；爱是婚姻条件；祖国强大是个体尊严得以维持的条件等。只有发现了条件，才能主动去创造有利条件。二是尊重条件，不能脱离客观条件去创造联系。一根木头，怎么也磨不成针；一个盲人，永远无法成为飞行员。要尊重现有条件，不能缘木求鱼，好高骛远。三是要利用现有条件改变不利条件。父母不能给我们更多支持，就多交朋友；学习理论没别人厉害，就多勇敢实践。联系的条件性要求反对无条件论和唯条件论。无条件论必然导致唯心主义，使人认为心有多大舞台就有多大，脱离客观追寻目标；唯条件论会导致宿命论，认为一切都已命定，自己什么都改变不了，消极应对。要在尊重条件的基础上，发挥人的主观能动性，利用有利条件，改变不利条件，为主体服务。

三、联系的方法论意义

整个世界是一个相互联系的统一整体，整体的结构化会形成系统。这要求我们树立开放的整体观、系统观，为此要：

1. 从整体上把握事物，强调系统性，注意整体效用。在抗日战争时期，许多人只看中日间的军事力量对比，认为中国必败，而毛泽东同志却从中日间的民心民力、战略空间、正义与非正义等角度进行系统比较，得出了中日战争中国必胜的结论，大大增强了中国人民抗战的信心。只有具备整体观，才能有战略观，对事物的认识才能长远、通透。

2. 优化结构，合理布局，实现整体最佳功能。整体是否要调整，要看系统各要素和结构是否契合，契合的标准则是看否能实现 1+1>2 的效果。如生产间的分工合作，对知识和快乐的分享往往都能实现 1+1>2 的效果，说明让系统优化了。一个和尚挑水吃、两个和尚抬水吃、三个和尚没水吃的故事却深刻反映了一个系统本身的结构问题、要素冲突等。要实现整体效能，就要去除系统内的不利条件，实现结构与功能优化。

3. 注重事物发展的薄弱环节。整体效果的大小，有时不取决于最强的部分，而是最弱部分、"短板"，遵循木桶效应。那所有的短板都要补、都应该补吗？不一定。一要看短板是否能补。比如某个人身高矮，没法补，只能接受；二要看短板是否会影响长远发展。一个人、一个国家的精力能力都是有限的，有些短板不影响长远发展或不决定事物命运或弥补的代价太大就可以不用补。如有些人就是不善交际，你让他变得长袖善舞，很难，不如把自己的优势发挥充分。

在物质世界的普遍联系中，一切事物都是作为系统而存在的，系统的功能、效用取决于系统间要素、结构能否产生有机联系。这意味着个体、国家和民族不是进行单向度的比拼，而是全面的、复杂的、多方位的系统比拼。利用好系统内的有利联系、消除不利联系是赢得竞争的关键。

专题七　矛盾统一性和斗争性辩证关系及其启示

　　对立统一规律又叫矛盾规律，它揭示了事物发展的源泉、动力和实质内容，提供了理解事物"自己运动"的钥匙，指明了事物的内部矛盾是事物发展的内在动力，是唯物辩证法的实质和核心。矛盾是反映事物内部和事物之间既对立又统一关系的哲学范畴，矛盾的对立性又叫斗争性，统一性又叫同一性，它们是矛盾所固有的两种相反相成的基本关系或基本属性。

一、什么是矛盾的同一性和矛盾的斗争性

　　为了更好理解这一概念，我们借助中国的太极来做一说明。太极直接呈现的是阴阳，但中国哲学中的阴阳还可以指是与非、好与坏、对与错、美与丑、男和女、我和你等等一切既对立又统一的万事万物。

　　1. 矛盾的同一性。观察太极图会发现太极包含阴与阳两个方面，有阴无阳，有阳无阴，都构不成太极。因此《易经》中说"一阴一阳之谓道，孤阴不生，孤阳不长，阴阳和合方能生成万物"。说明矛盾一方的存在要以另一方的存在为前提，一方的发展以另一方的发展为条件。即矛盾着的双方相互依存，谁也离不开谁。明确了矛盾双方的依存性，接着观察，可以发现太极图黑中有白、白中有黑，阴中有阳、阳中有阴，就像我们的性格：既无私又自私、既伟大又渺小、既光明又黑暗、既理性又感性、既内向又外向、既疯狂又冷静、既坚强又脆弱。说

明矛盾着的双方除了依存性外，还具有相互包含的性质和趋势。继续观察我们还可发现，当黑的部分最多的时候，向前进一步就变成了白，白的部分最多的时候，向前一步又变成了黑。即太阴向前一步就是少阳，太阳向前一步就是少阴，阴与阳在一定条件下相互转化。就像现实的强弱之间，现在还默默无闻的你们有一天可能会成为这个社会的领军者，现在的那些大富大贵者，有一天则可能变成你们的追随者，正所谓"江山代有人才出，各领风骚数百年"；再如祸福之间，"塞翁失马，焉知非福"的故事告诉我们"祸兮福之所倚、福兮祸之所伏"，就像今天美国对中国的高科技企业制裁打压，极有可能会成为中国人团结凝聚、自主创新的催化剂。说明事物的双方在一定条件下可以向自己的对立面转化。

综上，矛盾的同一性是指矛盾双方相互依存、相互包含、相互转化的性质和趋势。

2. 矛盾的斗争性。在太极图中，有一条 S 型曲线把阴阳隔开了，使阴与阳呈现出明显的分野。说明阴阳不能混淆，乾坤不能颠倒，是非不能不明，好坏不能不分。即不同的事物具有不同的"质"，两种不同性质的东西，在发展的要求和方向上存在着差异、对立，其中一方总是要限制和否定对方，同时又总是不断地打破对方对自己的限制和否定，因此，对立面之间必然会存在相互排斥、相互分离的性质和趋势，这就是矛盾的斗争性。要注意的是作为哲学范畴，矛盾的斗争性具有广泛的含义和无限多样的表现形式，自然界中的吸引和排斥、化合和分解、同化和异化、遗传和变异等是斗争，社会领域中的敌我对垒、两军对战、人民内部的批评与自我批评、生产上的劳动竞赛、学术上的争鸣辩论等也是斗争。

二、矛盾同一性和斗争性的辩证关系

矛盾的同一性和斗争性既相互区别，又相互联结。

1. 矛盾的斗争性和同一性相互联结、相辅相成。

一方面，同一性离不开斗争性，同一性是以差别和对立为前提的，同一性必然受斗争性的制约。同一是包含差别和对立的具体的同一，不是绝对的等同。如果事物不包含它的对立面，事物就没有矛盾，就无法发展。《国语·郑语》中说"和实生物、同则不继"，即"和"能使事物的发展继续，"同"则使事物的发展中断。其中"和"是指在承认事物差异性和斗争性的基础上追求平衡和相对统一，"同"是指否认事物的差异性、斗争性，追求绝对同一。如有一种朋友，平时各忙各的生活、各有各的追求，但需要帮忙时他（她）永远在，需要理解时他（她）永远懂。这是和，是君子之交。另一种朋友，则是什么都要求一致。我上自习，你要陪我去；我逛街，你要陪我去；我上厕所，你得陪我去；我喜欢什么，你就要喜欢什么；我恨的人，你不能和她（他）成为朋友。这是同，是小人之交。哪一种朋友能够持久？和的朋友，因为他（她）尊重了客观差异。反之，同的朋友否定差异，会导致一方对另一方的剥夺与忽略，难以持续。可见，同一性离不开斗争性，没有斗争性就没有同一性，如果有的话，也充满虚假或强迫，是暂时的，难以持续。

思考：为什么中国传统社会总是"合久必分、分久必合"，不断陷入暴力循环，无法实现持久和谐？根本上是因为传统社会实行的是专制统治，整个社会只有一种利益，一个声音——君主的利益和声音。其他群体、人民的利益长期被忽视、剥夺，忽视、剥夺不断累积，人民活不下去，就会革命，社会因此在治乱间不断循环。中国共产党要构建和谐社会，实现长治久安，就必须尊重不同群体和个体的差异，包容不同，实行社会主义民主。就像毛泽东同志 1946 年回答黄炎培先生提出的中国共产党如何才能摆脱"黄氏周期律"时所说的："我们已经找到新路，我们能跳出这周期率。这条新路，就是民主。只有让人民来监督政府，政府才不敢松懈，只有人人起来负责，才不会人亡政息。"① 邓小平同志也强调"没有民主就没有社会主义，就没有社会主义的现代化"②，新时代我们进一步强调，人民当家作主是社会主义民主政治的本质特征。都是看到了只有实行民主才能包容差异、释放压力、缓解矛盾，才能实现真正的、长久的稳定、和谐、统一。

另一方面，矛盾的斗争性离不开同一性，斗争性寓于同一性之中（斗争是统一体内部的斗争），斗争性受同一性的制约。倘若对立面之间没有任何联系，也就不能构成矛盾，双方的斗争就无从发生。如夫妻双方吵架，直接体现的是夫妻双方的斗争性，但夫妻吵架有一个隐含前提，那就是夫妻双方还有爱，还有对对方的期待，还有一起走下去的愿望，还有共同的利益。如果完全没有了爱与期待、没有了共同利益，大家离婚了，成陌生人了还会吵架吗？不会。我不会和刘德华吵，也不会和拜登吵，为什么？因为没有同一性就没有斗争性。理解了这一点，就能理解为什么我们只羡慕、嫉妒身边人？我们不会眼红比尔·盖茨一年挣几十亿，却可能对身边的同学中了五百万羡慕嫉妒不已，因为身边同学与我们处于同一群体、同一阶层，具有同一性，比尔·盖茨却没有。为什么我们总是苛刻待亲人，温柔待陌生人？因为亲人和我们有同一性，陌生人没有，而有同一性才会有斗争性。

可见，矛盾的同一性和斗争性谁也离不开谁，相互链接，相辅相成，处于一个统一体中。

2. 矛盾同一性和斗争性相互区别。同一性和斗争性是矛盾的两种相反的基本属性，在事物矛盾运动中所处的地位是不同的。矛盾的同一性是有条件的、相对的，矛盾的斗争性是无条件的、绝对的。矛盾的同一性是有条件的、相对的，是因为只有在一定条件下，矛盾双方才能相

① 黄炎培. 八十年来 [M]. 北京：文史资料出版社，1982：148-152.
② 邓小平. 邓小平文选：第二卷 [M]. 北京：人民出版社，1994：168.

互依存，共处一个统一体中，保持质的稳定性；也只有在一定条件下，矛盾双方才能互相转化。即不同"质"的事物或事物的不同方面要统一，需要特定条件，因此同一性是相对的。矛盾的斗争性是绝对的、无条件的，是因为不同事物或同一事物的不同方面必然具有不同的"质"，这种"质"的不同永远无法消除，斗争性也就永远存在。如夫妻双方不管感情多么好，只要妻子和丈夫是两个不同的个体、不同的人，从哲学的角度讲，他（她）们就不可能在思想、价值、观念上完全一致，差异和斗争永远存在。如果他（她）们在某件事、某个看法上达成一致，也只能是暂时和相对的，就像即使价值决定价格，价格和价值的统一也是有条件的。

明确了矛盾斗争性和同一性的辩证关系，就必须反对割裂两者关系的形而上学的思维方法、绝对对立与绝对同一的观点。绝对对立的思维方法只承认矛盾的对立性而否认矛盾的同一性。现实中有人认为，竞争"不是东风压倒西风，就是西风压倒东风""不是你死就是我亡"，要"走自己的路，让别人无路可走"，美国有些政客认为中美之间的竞争是零和博弈，中国得到多少，美国就会失去多少，从而不断挑衅、围堵、遏制中国，推行单边主义、孤立主义、美国优先都是绝对对立思维的体现。此种思维强调"非此即彼"，是错误的。绝对同一的思维方法承认事物的同一性，否认事物的对立性。庄子说"物无非彼、物无非是""方生方死、方死方生，方不可方可、方可方不可"，2019 年大火的一个帖子，说"我不要你认为我要我认为"，生活中的大男子主义、国际关系中的霸权主义都是其表现。此种思维主张"亦此亦彼"，也必须予以反对。

三、对立统一原理的方法论启示

对立统一规律最根本的意义是要我们摆脱单一的视野、思维和价值，学会从相反的方向思考问题，体验道家"反者道之动"的精髓所在，一分为二、全面整体地看问题，避免思维的绝对化和封闭化。

1. 如何理解"对手"。日常生活中，我们总感觉对手就是敌手，阻碍、打击、剥夺我们，与我们是对立的存在。但对手也是助手，与我们也有统一性，就像央视在 2008 年奥运期间所解读的，"对手是成就梦想的另一只手"。对手怎样成就我们：（1）对手是一处路障，迫使我们突破自己、超越自己。如果生活中没有对手，大多数人可能都会在安逸中慢慢平庸。国家也是如此，中国的崛起，从"反向"角度要"感谢"两个国家：一日本，二美国。洗刷日本在近代以来带给中国的屈辱是中国人团结、奋斗、拼搏的重要动力；美国的强大和对中国的遏制，是中国在富起来后依然戒骄戒躁、砥砺前行的重要原因。今天美国对我们的遏制、打压，只要我们立住了，就不全是坏事，它会成为中国崛起的重要磨刀石——"不能打倒我们的终使我们更加强大"。（2）对手是一个标杆，使我们实现自己、证明自己。没有周瑜和司马懿的存在，就不会有《三国演义》里诸葛亮的光彩与传奇；没有刘备、关羽、张飞的存在，也不会有吕布形象的英勇无敌。作为社会化的人，我们的成就、能力很大程度上是需要对手来体现的，对手也是划定人生坐标的一条线——"我们的优秀，全看对手的衬托"。（3）对手是一面镜子，使我们认识自己、完善自己。人往往能"目见百步之外，却不能自见其睫"。我们需要以他人为镜，"见贤思齐，见不贤而内省"，映照自己的缺点和不足，不断完善和提升自己。

我们的人生不仅需要朋友，还需要对手。对手与我们的生活既对立又统一。

2. 舍与得。成功就是得到，得到我们想要的地位、财富、尊重、自我实现等。但是怎样才能得到呢？舍得，有舍才有得，大舍大得，小舍小得，不舍不得。为什么说有舍才有得？这是源于欲望的无限性与人的生命、精力有限性之间的矛盾。以有限的生命去追求无限的欲望，必然不可得，不可得就痛苦，只能"修剪""舍弃"自己的一部分欲望。如现代植物学已经发现要想植物生长得笔直、美观、健壮，必须要修剪，修剪就是放弃不重要或者说不必要的存在，使有限养分供给植物的主干部分。人生同理，要想生活幸福，也必须要"修剪"，要抛却人生中过多的纷扰、纠葛和欲望，使心灵变得相对简约，在有限的生命里去满足有限的欲望。这与《老子》中讲到的"为学日益、为道日损"相契合。为学是不断增加、积累，但为道（道在此指我们要追求的幸福，要实现的最终目标），却必须减损自己心中的欲望，避免患得患失。《易经》中的"嗜欲深者天机浅，嗜欲浅者天机深"也是这个道理。生活中，只有舍弃一些傲慢与偏见，才能获得更多真理；舍弃一些自私，才能获得更多朋友；舍弃一些游玩，才能获得更多知识；舍弃一些对抗，才能换来更多合作；舍弃一些"人类中心主义"，才能更好实现人与自然的和谐相处。可见，获取幸福不仅要得到，还要舍弃；人生不仅要会做加法，还要学会做减法。舍与得是对立统一的。

3. 进与退。生活如"逆水行舟，不进则退"，并且前进的速度还不能太慢。如邓小平同志在谈到中国发展的时候曾经说：不进则退，小进也是退。生活中，大家都进步，你进步慢了，依然会被生活甩在后面。因此，人生不仅在绝对速度上要进，在相对速度上也要进。但如果我们只知道进，不知道退，我们并不能实现理想。要实现理想，还应学会妥协，学会"退一步海阔天空"。生活不能为了退而退，但有时为了更好地进我们必须退，就像拳头要打出去有力，必须先缩回来再打出去。唐代的一首《插秧诗》写道："手把青秧插满田，低头便见水中天。心地清净方为道，退步原来是向前。"可见，进与退是对立统一的。生活中何时进、何时退，进多少、退多少，都需要平衡考量，不然就会"进退失据"，陷入"窘境""困境"。

"对立的统一，统一的对立"，这种辩证关系，要求我们在矛盾双方的对立中把握它们的同一，在它们的同一中把握对立，只有这样，才能正确认识和驾驭事物的矛盾运动，客观全面地认识事物，更好地改造世界。

专题八　矛盾的普遍性和特殊性
及其辩证关系

　　要进一步理解矛盾的对立统一，还必须把握矛盾的普遍性和特殊性。矛盾的普遍性和特殊性是关于矛盾问题的精髓，是正确理解矛盾学说的关键。同时，人们在生活中能时时体验感知这两者的关系。如为什么人与人之间既能相互理解、相互合作，但又彼此对立、孤独寂寞？为什么习近平总书记多次强调中国的改革开放"既不走封闭僵化的老路，也不走改旗易帜的邪路"，只能走中国特色社会主义道路？因为每个人、每个国家相对其他人、其他国家而言，既有普遍性又有特殊性。那什么是矛盾的普遍性和特殊性？两者的辩证关系如何以及这一原理会带给我们怎样的启示？

一、矛盾的普遍性和特殊性的基本内涵

　　矛盾的普遍性有两层含义：（1）指矛盾存在于一切事物及其发展的全过程，矛盾无处不在、无时不有，事事有矛盾、时时有矛盾。旧的矛盾解决了，新的矛盾又会产生。说明这个世界没有绝对的安宁、永久的和谐、完满的人生。要理解，人生中有些矛盾会如影随形，如迷茫、挣扎、焦虑、自卑、冲突；有些矛盾永远无法解决，如疾病、死亡。要把人生的矛盾、困难看作是一种常态，人既要能解决矛盾，更要能接纳、包容矛盾，学会与矛盾和谐相处，带着矛盾生活，这是人成长成熟

的重要标志。我们不能因为今天发挥不好，一个月都自责；不能因为被人批评一句，就激烈反应；不能因为社会和国家有黑暗，就否定光明；更不能因为生活中总有挫折，就失去信心或否定意义。这是矛盾无处不在、无时不有带给我们的启示。（2）指同类事物之间所具有的共同属性，即事物之间的共性。如人的共性是主观能动性；物质的共性是客观实在性；企业的共性是追寻利润；帝国主义的共性是侵略性等。了解事物的共性，才能对事物进行归类，找到事物之间的内在联系。把握事物的共性是认识事物的基础。

矛盾的特殊性是指各个具体事物的矛盾、每一个矛盾的各个方面在不同的发展阶段上各有其特点。它包含三种情形：（1）不同事物的矛盾各有其特点。不同的事物具有不同的"质"，不同的"质"必然会存在不同特点。如每个人都是独特存在，都有自己的特质，很难完全被别人理解。古人说"千金易得、知己难求"，《红楼梦》开篇曹雪芹讲"满纸荒唐言，一把辛酸泪。都云作者痴，谁解其中味？"都体现了这一点。同样，不同的国家具有不同的国情，所以马克思主义一定要民族化，美国将其民主价值绝对化，认为放之四海而皆准的观点一定是错的。运用这一原理思考：人一生成功或幸福的前提是什么？是根据自己的能力与特点，找到适合自己的道路与方式。一个简单的道理，梵高不一定适合舞蹈，杨丽萍不一定适合画画，姚明不一定适合跨栏，刘翔不一定适合写作，郭敬明不一定适合打篮球。他们能成就自己是因为找到并尊重了自己的特殊性。牢记木头永远磨不成铁针，但却可以成为栋梁。人成长的第一步是发现自己，并尊重自己的特殊性。（2）同一事物在不同的过程和阶段各有特点。人一生的不同阶段就是如此，有人说我们小时候都是孙悟空，调皮捣蛋、大吵大闹；青年时是猪八戒，淳朴天真、敢爱敢恨；壮年时是沙僧，吃苦耐劳、老实忠厚；老年时则都成了唐僧，喜欢回忆、唠唠叨叨。同样一个国家在不同时期的特点、追求也不相同，以中国为例，新民主主义革命时期最鲜明的标识是浴血奋战、百折不挠，最大梦想是实现国家独立、民族解放；社会主义革命和建设时期最鲜明的标识是自力更生、发愤图强，最大梦想是消灭剥削、实现平等，建立社会主义；改革开放和社会主义现代化建设时期最鲜明的标识是解放思想、锐意进取，最大梦想是赶上世界发展步伐，解决温饱、实现小康；新时代中国特色社会主义时期最鲜明的标识是自信自强、守正创新，最大梦想是建成社会主义现代化强国、实现中华民族的伟大复兴。这要求我们以发展眼光看待事物，把握事物的矛盾。（3）不同矛盾、矛盾的不同方面有性质、地位和作用的差异。第一，从矛盾性质的特殊性看，有根本矛盾和非根本矛盾之别。根本矛盾是指贯穿事物发展全过程并规定事物本质的矛盾，反之则为非根本矛盾。以人类社会为例，生产力和生产关系的矛盾、经济基础和上层建筑的矛盾贯穿人类的全过程并决定人类的发展，是根本矛盾。阶级斗争不贯穿人类的始终且不具有决定作用，是非根本矛盾。第二，从矛盾地位的特殊性看，有主要矛盾和次要矛盾、矛盾的主要方面与次要方面之别。其中在诸多矛盾中处于支配地位、起主导决定作用的是主要矛盾。如改革开放以来，我们强调以经济建设为中心，是因为在经济、政治、文化、社会诸矛盾中，经济矛盾是主要矛盾，其他矛盾是次要矛盾。对大部分学生来说，在诸多矛盾中学习是主要矛盾，其他是次要矛盾。不仅各个矛盾是不平衡的，而且任何一个矛盾对立双方的力量也是不平衡的，其中居于支配地位、起着主导作用的方面是矛盾的主要方面，是主流，处于被支配地位的则是矛盾的次要方面，是支流。主要矛盾的主要方面直接决定着事物的性质及对事物的评价。如党的十一届六中全会通过的《关于建国以来党的若干历史问题的决议》对毛泽东同志评价道："毛泽东同志是伟大的马克思主义者，是伟大的无产阶级革命家、战略家和理论家。他虽然在'文化大革命'中犯了严重错误，但是就他的一生来看，他对中国革命的功绩远远大于他的过失。他的功绩是第一位的，错误是第二位的。"① 说明功绩是毛泽东同志一生的主要方面，他是个伟人。中国改革开放既有不足又有成绩，但成绩是主要方面，因此要坚定不移沿着改革开放的道路前进。

思考：矛盾特殊性带给我们怎样的启示？它要求我们在生活、工作中坚持"两点论"和"重点论"相统一。坚持两点论，是因为事物的双方在一定条件下会相互转化、相互制约。非根本矛盾、次要矛盾或矛盾的次要方面长期被忽略、得不到解决就会不断累积，影响根本矛盾、主要矛盾和矛盾主要方面的解决，甚至可能发展为根本矛盾、主要矛盾或矛盾的主要方面。如生态问题长期不重视，不仅会制约经济、政治、社会问题的解决，还会在一定时期超越经济问题成为某个地区或某个国家的主要矛盾。坚持重点论，是因为任何一个个体和国家，在一定时期的精力、能力、资源都是有限的，很难完全均衡推进，必须抓重点、抓关键，有所为有所不为。很多发展中国家在资金、资源、人才有限的发展之初就强调均衡发展，使得资源、资金、人才分散，最终落入共同贫困的陷阱。坚持"两点论"和"重点论"就是坚持了矛盾问题上的辩证法，就要反对"一点论"和"均衡论"。

二、矛盾的普遍性和特殊性的辩证关系

矛盾的普遍性和特殊性既相互区别又相互联系，是辩证统一的。

1. 矛盾的普遍性和特殊性相互区别

矛盾的普遍性即矛盾的共性、一般性，决定事物的基本性质，是无条件的、绝对的；矛盾的特殊性即矛盾的个性、个别性，揭示事物之间的差异性，是有条件的、相对的。矛盾的共性是某类事物存在的前提，如阿里巴巴作为一个企业，必然具有追求利润的企业共性，这是无条件

---

① 中国共产党中央委员会关于建国以来党的若干历史问题的决议 [M]. 北京：人民出版社，1981：39.

的、绝对的；"我"作为一个人，必然具有意识，这也是无条件的、绝对的。而矛盾的特殊性只有参照其他事物才能体现。阿里巴巴是一个拥有特殊企业文化、组织结构、产品特色的企业，这是相对于京东、腾讯等来说的。没有参照物，就没有特殊性，矛盾的普遍性和特殊性是绝对和相对的关系。

2. 矛盾的普遍性和特殊性是统一的

第一，普遍性寓于特殊性（共性寓于个性）之中，并通过特殊性表现出来。水果的普遍性是富含果酸、维 C 等，这些共性并不能通过水果这一概念、形象来体现，而要通过梨、桃、西瓜等一个个具体的水果去发现；中国人好面子、重感情，这是中国人的共性，这一共性不能通过"中国人"这三个字去体现，而是要在你、我、他等一个个具体的中国人身上去呈现。可见，共性是对个性的归纳，没有个性就没有共性。

第二，特殊性不能离开普遍性。特殊性包含普遍性，脱离普遍性的特殊性是不存在的。每个人都具有不同的特点，但不管具有怎样的特殊性，都要有人的共性，否则就无法获得人的特殊性；梨是一个特殊的水果，味道与其他水果不同，但它必须要含有果酸，否则它就不是水果，不是水果，就无法与其他水果进行比较，也就不能说它是个特殊的水果。可见，特殊性离不开普遍性。

第三，普遍性和特殊性没有不可逾越的鸿沟，在一定条件下可以相互转化。由于事物范围极其广大和发展的无限性，在一定范围内是普遍性的东西，在更大范围内则会呈现特殊性；反之，在一定范围内是特殊性的东西，到另一范围内则具有普遍性。在中国，人们使用筷子是共性，但在全世界，中国人用筷子呈现的是个性。矛盾的特殊性和普遍性在一定条件下可以相互转化。

三、这一原理的方法论意义

思考：20世纪二三十年代，中国社会有中国共产党提出的"马克思主义中国化"，文化保守者提出的"文化本位主义"，激进主义者提出的"全盘西化"三条道路。为什么"西化中国论"和"儒化中国论"都行不通，只有中国化的马克思主义在中国生根发芽？这是因为三条道路中，只有中国化的马克思主义实现了马克思主义普遍真理与中国具体国情，与中华优秀传统文化的结合，即实现了普遍性和特殊性的统一。普遍性和特殊性相统一，是马克思主义中国化的哲学基础，也是中国特色社会主义事业发展的理论基石。习近平总书记在纪念马克思诞辰200周年大会上的讲话中指出，"当代中国的伟大社会变革，不是简单延续我国历史文化的母板，不是简单套用马克思主义经典作家设想的模板，不是其他国家社会主义实践的再版，也不是国外现代化发展的翻版"①，体现的也是这个道理。

坚持普遍性和特殊性相统一，还是我们对待一切外来思想、制度、模式、道路的基本依据。思考：佛教为什么能够在中国生根发芽、影响深远？佛教之所以能够在中国发扬光大，拥有大量信众，一个重要原因是它中国化了。印度佛教认为人生有"八大苦"："生、老、病、死、爱别离、怨憎会、求不得、五阴盛"。这些痛苦源于欲望，要解脱痛苦就要斩断欲望，从而强调通过禁欲和肉身苦修，即"出世"来达致最终的"涅槃"状态。与此不同，中国人认为人生有苦，也有乐，特别是人伦之乐无穷。这种思维差异使得印度佛教进入中国后变成了禅宗。禅宗讲究"直指人心，见性成佛"，认为心中有佛就可以，苦不苦修，禁不禁欲，在尘世还是在山林，结婚还是不结婚都非根本，强调在"入世"中去"出世"。正是因为禅宗中国化最彻底，所以其在中国影

---

① 习近平. 习近平谈治国理政：第三卷［M］. 北京：外文出版社，2020：76.

响最大，信众最多。相反，坚持印度佛教特点的唯识宗、华严宗在中国影响很小。现实中其他领域也是如此，麦当劳和肯德基来中国以后，大力推行其早餐稀饭战略；在西方主要卖咖啡的雀巢，在中国大规模推行其茶系列。历史和现实经验告诉我们"洋装虽然穿在身，但心一定要是中国心"。矛盾普遍性和特殊性相统一，是我们既兼容并蓄又不失去自我的根本。

矛盾普遍性和特殊性的关系，就是一般和个别的关系、共性和个性的关系、绝对和相对的关系，这是矛盾问题的精髓。正如毛泽东所说"这一共性个性、绝对相对的道理，是关于事物矛盾的问题的精髓，不懂得它，就等于抛弃了辩证法"①，普遍性和特殊性的道理贯穿于所有矛盾之中，并揭示了对立统一规律各原理之间的内在联系。懂得矛盾普遍性和特殊性辩证关系原理，才能完整地把握矛盾问题，才能深刻理解对立统一规律，真正懂得唯物辩证法。

---

① 毛泽东. 毛泽东选集：第一卷 ［M］. 北京：人民出版社，1991：320.

专题九 准确把握事物发展的度

　　一切事物，都有质和量两方面的规定性，是质和量的统一。所谓质是使事物成为它自身并使它区别于其他事物的内在规定性。这种内在规定性是客观事物本身所固有的，是一事物区别于其他事物的标志，与事物的存在具有直接同一性。量是事物的规模、程度、速度以及构成事物成分的排列组合等可以用数量来表示的规定性。量也是事物本身所固有的属性，但其与事物的存在不具有直接同一性，同质的事物可能存在不同的量。质和量的变化发展表现为量变和质变两种形态，其中量变是指事物量的规定性的变化，是同一事物之内的变化。质变是指事物质的规定性的变化，是事物由一种质态向另一质态的飞跃。客观事物的发展都是渐进性和飞跃性的统一，即不断由量变到质变，再到新的量变的无限发展过程。而量变还是质变，就看事物的变化是否超出度的范围。那什么是"度"？"度"的价值与意义何在？如何正确把握事物的"度"？

一、什么是度

　　度是指事物保持自己质的稳定性的数量界限，是事物的限度、幅度和范围。在一个标准大气压下，水低于0℃或超过100℃，水就不是液态，所以0～100℃就是液态水的度。我国《宪法》第五十一条明确，公民在行使自己的言论自由和权利时"不得损害国家的、社会的、集体的利益和其他公民的合法的自由和权利"①，规定了公民自由言论的度。今天有人在故意散布谣言；有人在网络上肆意攻击谩骂他人；有人公然支持"台独"和"港独"、公然媚日和精美，侮辱国家，显然都超过了言论自由的度，是非法言论；必须抵制打击。在新时代我们要进行伟大斗争，同样也要把握"度"，那就是既要通过斗争应对重大挑战、抵御重大风险、克服重大阻力、解决重大矛盾，实现组织和社会自新，为建设伟大工程、推进伟大事业、实现伟大梦想提供动力。同时，又不能将"斗争"变成"争斗"，破坏社会和谐稳定，扩大矛盾，失去以斗争促团结、以斗争促发展的初衷。正像 1957 年毛泽东在谈到党内政治生活的目标时所说："我们的目标，是想造成一个又有集中又有民主，又有纪律又有自由，又有统一意志又有个人心情舒畅、生动活泼，那样一种政治局面，以利于社会主义革命和社会主义建设。"② 把握、尊重事物发展的度，是我们正确改造世界、解决问题的基础。

任何度都有一个极限或界限，叫临界点或关节点。度就是在两个关节点或临界点之间的幅度，即事物发生质变的两端。如在百分制下，学生的分数达到或超过 60 分，学生就及格，60 分就是学生及格的临界点。根据恩格尔系数，食品支出占总收入的比重在 40%～50% 为小康，小康社会的临界点就是 40% 和 50%。是否突破临界点是事物发生量变和质变的重要表征。

二、度的价值与意义

认识把握事物的度具有重要的价值与意义，我们从两个角度来分析：

理论上，只有认识了事物的度，把握了一事物区别于它事物的数量

---

① 中华人民共和国宪法 ［M］. 北京：人民出版社，2018：26.
② 建国以来毛泽东文稿：第六册 ［G］. 北京：中央文献出版社，1992：543.

界限，才能准确把握事物的质，度是深化认识质的基础。当人们的认识还停留在质的阶段时，对事物的认识还是模糊的、笼统的。由质进到度，对事物的认识就比较清晰一些，因为不同事物或同一事物在不同阶段，发生质变的"度"是不同的。日常生活中我们总会开"玩笑"，如果我们和好友说"你这个蠢货"，他（她）可能一笑而过，但如果对着爸爸说"你这个蠢货"，那是找不自在。可见不同事物的度不同。同样，在传统的封闭社会里，人民对不公、剥削和痛苦的承受度会更高，而在开放民主的社会里，人民对不公和不幸的敏感度会更强。更重要的是，在这样一个不同文明、意识形态交流碰撞的时代，不同民族和国家只有了解并尊重彼此道德、文明的度或底线，国与国之间的合作、交流才能正常进行，否则会导致剧烈的冲突、对立。思考：为什么西方国家的涉港、涉台言论总是会激起中国人的强烈批评？因为这些言论干涉了中国内政，伤害中国人最深沉的家国情怀和民族情感，属于侵犯性言论，突破了中国人承受的"度"，是不可接受的。可见，把握好度，对事物的认识、分析才是具体的、现实的、感性的，认识和行为才能恰如其分、有的放矢。

实践中，只有坚持适度原则，防止"过"或"不及"，才能更好地处理矛盾、促进事物发展。思考：当前的中美关系应该遵循什么原则？一方面我们要在香港、台湾、南海等原则问题和核心利益上绝不妥协、让步，坚决斗争；另一方面面对美国的疯狂、极端、情绪化，我们要足够冷静、理性、沉着、保持定力，尽量避免"脱钩""冷战"甚至是"热战"的出现。以"斗"促"和"，以"和"促"赢"，坚持"斗而不破"是当前处理中美关系的适度原则。同样，人的一生要想持续发展，也应坚持适度原则，要张弛有度。我们既不能一直处于紧张、焦虑、奔跑、竞争的状态，那样容易断；也不能一直站在原地消极、佛系、躺平，那样容易废。可见，一个人也好，一个国家也好，都要遵循所谓的"骑自行车原则"——既不能太快，那样容易撞车；也不能太慢，那会无法维持平衡——保持合适的速度前进。这就是适度原则的实

66

践价值。

　　思考：适度原则是折中吗？是任何情境下都追求事物的绝对平衡吗？不是。适度原则的运用本身也要适度，要具体问题具体分析。比如青年大学生，是最能奋斗也最应奋斗的时候——"不能在适合努力的阶段选择安逸"，应以奋斗为主。老了或暂时没有奋斗条件或极度疲惫时，则可以更多地停下来休息、思考、积蓄力量。可见，适度不是奋斗会、歇息会，也不是奋斗50%、歇息50%，而是在适合奋斗的时候奋斗，适合休息的时候休息。同样的道理，虽然中美总体上既有合作又有斗争，但当中美处于蜜月期时，要以合作为主，在紧张期、对抗期就要以斗争为主。既不能任何时候、任何事情都斗而不破，也不能任何时候、任何事情都你死我活。适度不是折中，而是时中。这和中华文化中的"中庸"理念有契合共通之处。思考：中华文明为什么能够延续五千年而不绝？四大文明古国，古巴比伦灭亡于公元前538年，古埃及灭亡于公元前332年，古印度灭亡于公元前187年，只有中华文明持续了上下五千年。说明中华文明拥有根本优势和独特气质，其中之一就是崇尚中庸。中庸，不是我们日常认为的，没有原则的随波逐流、不追求优秀的自甘平庸或没有自我的圆滑世俗，而是"不偏之为中，不易之为庸"，不偏就是不走极端，不易就是不改变自己的原则和坚守。中庸是指在坚守原则或自身核心价值观的基础上不走极端。这赋予了中华文明两大特点：一是"不偏"的中华文明不走极端、兼容并蓄，所以中华民族总是能够在危机时不断吸收、调整、自我革新、重新崛起。以至今天我们依然是世界上最好学的民族，我们学习日本的企业管理，学习新加坡的城市建设，学习德国的质量控制，学习美国的现代技术。我们没有西方文化的傲慢与偏见，也没有西方社会经常出现的宗教战争和种族歧视。如古代的以色列人在长期流浪、迁徙的过程中没有被其他民族所同化，但在中国是个例外。据考证，在今天的河南开封有一支就是以色列人的后裔，但不管是生活方式，还是外形外貌上他们都已与普通的中国人无异。为何？因为我们的文化太包容了。当他们的祖先来到中国时，没有感受到任何的歧视、排外，自然而然也就融入中华文明。二是"不易"的中华文明不容易被同化。关注历史和现实可以发现，中华文明在开放吸收、兼容并蓄他人的过程中并没有失去自我，中华文明没有被别人同化过，反而一遍遍同化别人。这是因为中华文明具有"不易"之精神，使得我们在吸收、学习别人的过程中并不会放弃自己的核心价值与文化根基，而是在坚守自我的基础上借鉴他人。可见，中庸赋予了中华文化既能坚守，又能开放的优秀品性，这是中华文明能够延绵不绝的重要原因。了解了这一点，我们才能深入理解，为什么今天的美国要对中国进行强遏制、硬打压？一方面是美国认为中国的快速发展挑战了其全球霸权、损害了其全球利益，这是现实利益冲突。另一方面是因为在美国与中国建交的前三十多年里，其曾幻想通过加大与中国的接触、参与中国的改革开放、不断向中国输入美国的价值、生活方式和民主制度，实现对中国的和平演变，使中国走上美式或西式道路。但几十年过去后，其发现中国吸收了美国的技术、资金和管理，但中国人对中国特色社会主义事业，对自身的道路、理论、制度、文化却越来越自信、越来越坚持，知道中国不可能走美国道路，对中国的和平演变、文化颠覆失败。同时，他又认为不接受美国价值和模式的都是美国的战略敌人，因此对中国进行强遏制，硬打压。可见，中庸就是适度，是中华民族生生不息、独立自强的根本智慧所在。曾有学者以此为切入口将中华文明的本质概括为：无极而太极，不走极端而达致最终圆满。

三、这一原理的启示

1. 要通过把握事物的质来理解事物的度，质从根本上规定着事物的度。石头和鸡蛋因为质的不同，能承受的强度肯定不同。社会主义中国与资本主义美国的韧度也迥然有别，从历史看，社会主义国家都善于打持久战，西式民主国家只适合打突击战、速决战。二战后美国在所有的持久战中都失败了，中国都胜利了就是例证。今天的中美对抗，只要我们扛过美国在一定阶段的遏制、打压，胜利必将属于我们。准确认识事物的质，是正确把握事物度的基础。

2. 要通过控制度来引导量变和质变，实现人生理想。要想不好的事情不发生，就必须控制度，勿以恶小而为之，拒绝量的积累。如总搞暧昧，那必然会出轨；总贪小财，那必然会犯罪；总是放弃一节课、一小时，那必然会慢慢放弃人生。如果想好的事情发生，促进事物发生质变，则必须不断积累，突破事物的度，勿以善小而不为。要明白不积跬步无以至千里、不积小流无以成江海的基本道理。

3. 要理解度本身也是变化的，不能把适度变成新的教条。我们国家对教师失德失范行为的惩处力度不断增强，对官员贪污腐败的容忍度越来越低，人民对公平正义的追求越来越高等都说明了这一点。马克思主义活的灵魂是要在把握事物质和量的基础上，具体问题具体分析。

4. 想问题、办事情尽量别极端、别偏执。思考：爱情中什么现象最可怕？张爱玲曾说，一个女人最可怕的不是懒惰、不是骄横、不是无理取闹，是拥有偏执的爱。即我爱你，你必须爱我，我爱你多少，你必须爱我多少，我得不到你的爱，那就让所有人都得不到，进而选择极端甚至是毁灭的方式。这种可怕的思维方式就是没有遵循适度原则的体现。中国媒体报道最需要避免什么倾向？单一、片面的报道。既不能是"低级红"，脱离实际，对所有的现实都赞美、讴歌，弄得大家都不信。也不能是"高级黑"，不加分析就批判、否定，成为"暗黑者"，弄得大家没信心。人民不管是盲信还是不信，都会影响国家的长远发展。只有实事求是基础上的适度原则才能持续、健康。

只有在一定的范围内，事物才能保持它自身的存在，超过特定范围，就会向对立面转化。在度中，质和量相互规定、相互渗透，密不可分，这就要求我们在实践中坚持适度原则，采取正确方法，促使实践取得成功。

专题十　学习唯物辩证　增强思维能力

　　学习唯物辩证法的基本规律，掌握唯物辩证法的基本范畴，运用唯物辩证法的思维方法，是提高思维能力的基本要求。新时代以来，习近平总书记在推进治国理政的过程中，始终贯穿着对辩证思维、历史思维、系统思维、战略思维、底线思维和创新思维的总结与运用。这些思维方法内在联系、相互贯通、有机统一，构成了完整、科学的方法体系，为我们提升思维能力、应对复杂问题、推进日常工作提供了指引。

一、增强辩证思维

　　辩证思维是指运用唯物辩证法观察事物、分析问题、解决问题的科学思维。辩证思维能力就是以唯物辩证法为指导，发现矛盾、分析矛盾、解决矛盾，把握本质、遵循规律、推动工作的能力。辩证思维能力是科学思维能力的根本要求和集中体现。增强这一能力，要把握以下三点。

　　1. 以对立统一或一分为二的观点看问题、想问题、做决策、办事情，不能非此即彼，要客观地而不是主观地、联系地而不是孤立地、发展地而不是静止地、全面地而不是片面地、系统地而不是零散地观察事物，避免"盲人摸象"、以偏概全以及思维的单一化和绝对化。如有些网民看到中国与其他国家有冲突、有矛盾、有斗争，就想着抵制、制裁这些国家，这就是一种单一思维，只看到了我国与这些国家的冲突与对立，没有看到与这些国家的合作和共赢；日常生活中，有些人看到人性的丑恶就认为人是恶魔，人间不值得，有些人只看到人性的善，认为人都是天使，"很傻很天真"；有人将竞争看成是你死我活的零和游戏，将批评看作是完全否定，将和谐看作是毫无斗争，都是没有一分为二辩证地看问题。可见，不能一分为二人就容易极端、片面，就会"只见树木不见森林"，无法认清事物的本质、把握事物的全部。

2. 要分清主次，抓主要矛盾和矛盾的主要方面。在一分为二或"两点论"的思维下我们还必须区分事物的主次矛盾和主流支流，分清轻重缓急，突出工作重点，抓住关键环节，明确主攻方向。没有主次，不加区别，眉毛胡子一把抓，会犯相对主义错误。如中国共产党的历史有成就有失误，但必须"要坚持以我们党关于历史问题的两个决议和党中央有关精神为依据，准确把握党的历史发展的主题主线、主流本质，正确认识和科学评价党史上的重大事件、重要会议、重要人物"①。明晰共产党的光荣、伟大、正确，如此才能通过学习党史明理、增信、崇德、力行。再如每个人身上都既有善也有恶，但如果某个人身上更多的是利他品性和高尚人格，就可以更多靠近；某些人更多呈现的是卑鄙、自私和黑暗，就应尽量远离，不能因为每个人都有善有恶，就认为无好人、坏人之分。改革开放 40 多年我们既有成就也有不足，但成就是主要的，所以要坚定改革开放不动摇。可见，只有在把握事物主次矛盾和主流支流的基础上我们才能对事物的性质有准确认识、评价，才能把握事物发展的方向、解决主要问题。

3. 要具体问题具体分析。分清主次矛盾和矛盾的主次方面，蕴含着一个根本要求——具体问题具体分析。今天很多人把辩证法当成变戏法，只要对事物认识得不深刻、不准确，对事物了解得不充分、不透彻，就会说既有机遇又有挑战；既有好的方面，又有坏的方面；既要看

---

① 习近平. 在党史学习教育动员大会上的讲话 [M]. 北京：人民出版社，2021：24.

到进步，又要看到不足等。辩证法庸俗化、浅薄化和形式化现象严重，变成了脱离具体内容的纯粹形式。要让辩证法恢复其生机和科学，就必须具体问题具体分析，让思维现实化、具体化、实践化。如中国的脱贫攻坚之所以能够取得战略性胜利，在于我们不搞"大水漫灌""粗放脱贫"，而是针对不同群体、家庭、个体的致贫原因分别采取产业扶贫、教育扶贫、搬迁扶贫、保障扶贫等方式。因人因地施策、因贫困原因施策、因贫困类型施策，精准扶贫。只有坚持具体问题具体分析，才能赋予辩证法以真实内容，把握马克思主义精髓。

二、树立历史思维

历史思维是辩证思维与历史眼光的结合，它强调站在历史立场，运用历史眼光，建立历史视野，把握历史发展的启示、规律和方向。树立历史思维至少要把握两点：

1. 建立历史视野、把握历史规律。这种历史视野和历史意识，在习近平总书记的系列讲话中得到了充分体现。在总书记的讲话中总是出现这样几个数字：5000 年，500 年，170 年，100 年，70 年，40 年等。这些数字表达着同一核心思想，即中国特色社会主义的成就离不开 40 多年的改革开放史、70 多年的新中国史、100 多年的建党史、500 多年的社会主义发展史以及 5000 多年的中华民族文明史，这就是一种大历史观。只有建构起了这样一种大历史观，我们才能知道今天的中国来自哪些主要力量的合力以及这些力量怎样影响中国的未来。因此，习近平总书记多次强调"历史是最好的教科书""中国革命历史是最好的营养剂"，要求党员干部和青年学生要多读中国共产党党史、新中国史、改革开放史和社会主义发展史。就是希望通过历史思维的建构，让大家深刻理解把握人类社会发展规律、社会主义建设规律和中国共产党执政规律。

2. 坚持用历史立场和历史眼光评价历史。不同时期的历史环境、现实挑战和目标任务不同，决定了不能用今天的立场和条件去简单评价历史或历史人物，而应站到历史环境中去，从历史立场和角度来评价历史。这种历史思维的重要性，关注中、苏对各自历史的评价以及截然不同的影响就会一目了然。20世纪50年代，由于赫鲁晓夫缺乏历史思维，在苏共二十大上对斯大林进行彻底批判和否定，导致人们的思维和价值混乱，引起了社会主义和共产党内部的动荡与分裂，为苏联解体埋下了重要隐患。反之，中国共产党能够维持稳定和团结的一个重要原因，是改革开放后以邓小平同志为核心的党中央对毛泽东同志进行了合乎历史的评价。同样，谈到中国改革开放前后的历史时，习近平总书记明确不能用改革开放后的历史时期否定改革开放前的历史时期，也不能用改革开放前的历史时期否定改革开放后的历史时期。明确这两个历史阶段都作出了特定的历史贡献，都为中华民族的伟大复兴提供了重要基础和条件，保证了中国社会的长期稳定和党执政方向的延续。可见，只有用历史立场和眼光来评价历史的人和物，才能形成正确的历史观。

历史中有智慧、历史中有营养，人们既要善于总结和吸取历史上的经验教训，做到以史为鉴、面向未来。又要学会尊重历史，坚持历史立场，建立正确的历史评价，为开拓未来明确基点和标准。

三、强化战略思维

战略思维是一种强调高瞻远瞩、统揽全局、善于把握事物发展总体趋势和方向的能力。战略思维主要突出两方面：

1. 从全局视角看待、谋划问题。2014年习近平总书记在江苏调研考察时，首次完整提出了全面建成小康社会、全面深化改革、全面依法治国、全面从严治党的问题。"四个全面"战略布局是新的历史条件下治国理政总方略，是一个时期我们党治国理政的重大战略思想和战略布局，彰显出"审大小而图之，酌缓急而布之；连上下而通之，衡内外而施之"的政治智慧。再如，当前世界单边主义、孤立主义、逆全球化风起云涌，但中国共产党人从经济发展规律和世界发展大势出发，积极推进人类命运共同体建设，做经济全球化的重要参与者和积极引领者，明确中国改革开放的大门不会关闭、只会越开越大。同样，在美国不断挑衅、刺激、遏制中国的背景下，中国政府从维护中美关系和世界稳定的大局出发，明确不走美苏冷战、全面对抗、完全脱钩的老路，保持着极大的克制、冷静、理性，都是战略思维的重要体现。

2. 用长远眼光看问题、谋划问题。2020年网上有个很火的帖子，说特朗普大笔一挥，奥巴马就好像从未当过总统一样，因为奥巴马任期内的所有重大政策在特朗普时期几乎都被废除了。同样拜登上台后，特朗普又得"重新开始"，因为拜登和特朗普的执政理念也大不相同。这一现象充分暴露了西式选举政治的弊端。西方领导人往往最多只干两届、来自不同政党，为了讨好自己的选民，只关注当下选票和短期利益，方针政策急功近利且不断变化。与之相反，中国共产党长期执政，且不同领导人的立场和价值取向一致，决定了中国共产党能更多从国家和民族长远利益出发，进行长远规划、设计，"一张蓝图干到底、一任接着一任干"，具有长远性、战略性。对此，邓小平同志曾一针见血地指出，"美国把它的制度吹得那么好，可是总统竞选时一个说法，刚上任一个说法，中期选举一个说法，临近下一届大选时又是一个说法。美国还说我们的政策不稳定，同美国比起来，我们的政策稳定得多"①。邓小平时代的三步走战略，新时代制定的《中国制造2025》、雄安新区的"千年大计、国家大事"，党的二十大规划的强国两步走战略都是中国共产党人富有长远战略思维的体现。善于打"持久战"是中国共产党的基因和独特优势。

---

① 邓小平. 邓小平文选：第三卷 [M]. 北京：人民出版社，1993：31.

四、提升底线思维

底线思维是指根据需要和条件，划清并坚守底线，避免最坏结果，实现最大期望值的一种积极思维方式。把握底线思维关键是两点：

1. 要有边界意识、红线意识。要避免最坏的结果发生，首先就要划定并坚守红线。如为了保证我国的粮食安全，国家划定了18亿亩的耕地红线，谁破坏了这一点，谁就触犯了法律，就要受到惩罚；为了更好地使广大教师明确自身的行为规范，教育部出台了关于师德十条红线的规定，使广大教师明确边界，更好地教书育人。除此以外，新时代以来党和政府还相继划定了党员干部的行为红线、生态红线、新闻媒体的宣传红线等，都产生了良好效果。明确了边界和红线，大家才能明规矩、知敬畏、守底线，社会的基本政策、规范、伦理、价值才能守得住，更高的道德和文明才能生发。

2. 要有忧患意识。中国共产党人深知"生于忧患、死于安乐""人无远虑必有近忧"的基本道理。习近平总书记多次强调"我们党是生于忧患、成长于忧患、壮大于忧患的政党"①，要求全党要居安思危、勇于创新，看问题、想事情要从最坏处准备，争取最好的结果。新时代我们依然面临四大风险、四大挑战，面对中美可能脱钩的现实，面对台湾和南海存在热战的可能，要把工作做细做好，把准备做充分，绝不能在根本性问题上出现颠覆性错误，在战略问题上做出误判。对个体来说也是如此，社会有可能停摆、工作有可能失去，要求日常生活不能总是借债度日、超前消费、日光月光，要适当地存点钱、备点货、锻炼好身体。只有这样，我们才能在灾难来临时扛过去。可见，忧患意识，是我们在关键时刻守住底线、避免重大挫折的重要支撑。

---

① 中共中央宣传部，中华人民共和国外交部. 习近平外交思想学习纲要［G］. 北京：人民出版社，2021：206.

五、提高创新思维

创新思维能力是指超越陈规、因时制宜、知难而进、开拓创新的能力。在当前这样一个时代，创新思维和创新能力的强弱决定着个体甚至是国家的命运。

1. 创新思维的时代价值源于人类社会发展的基本趋势。思考：传统社会和当代社会的最大区别是什么？用一个字来概括，就是慢和快，用两个字就是不变与变化。传统社会是农业生产，农业时代的科技进步缓慢，我们和我们祖辈、祖祖辈辈的种地方式没什么不同，这时经验最重要，这决定了"传承"是传统社会的核心。今天科技日新月异，人们每天面对的都是新环境、新任务、新生态，不仅祖辈的经验可能过时，自己以前的经验也可能无用。在新环境下，只有不断创新才能适应并引领时代。可见，创新思维是人们把握社会发展规律的必然要求。当然，世界变化太快，人的认知赶不上时代变化，焦虑、困惑也会随之增加。

2. 创新思维能力是一国发展繁荣的重要动力。对内，改革开放之初，中国的发展更多依赖于人力、资源投入，现在中国生态环境问题严重，人口数量红利迅速消退，中国经济急需新的动力。而创新是成本最小、效率最高的方式。对外，"在激烈的国际竞争中，惟创新者进，惟创新者强，惟创新者胜"，创新基础上的科技竞争，事关国运兴衰、企业生存。中兴被迫缴纳罚款，华为面临生死存亡都说明了科技创新的重要性。创新的获取则依赖于创新思维能力的提高。为此，我们要保持锐意创新的勇气、敢为人先的锐气、蓬勃向上的朝气，破除迷信、超越陈规，转变思维习惯、突破思维定式，强化问题导向，不断推进理念创新、思路创新、制度创新和方式创新，不断研究新情况、解决新问题、创造新经验、开创新局面，提升创新思维能力。

拥有正确思维，是正确改造世界的基础，是干事创业的前提。学习马克思主义，关键是要运用科学思维方法，不断解决问题。

专题十一 马克思主义实践观

　　"实践的观点、生活的观点是马克思主义认识论的基本观点,实践性是马克思主义理论区别于其他理论的显著特征。"① 实践的观点不仅是马克思主义认识论首要的、基本的观点,也是马克思主义新世界观诞生的标志,是马克思主义哲学对以往哲学的真正超越。那什么是实践?马克思主义实践观的主要内容是什么? 科学实践观具有怎样的意义?

一、实践的基本内涵

　　在中国传统社会里,实践由"实际"与"践行"组成,主要指修身、养性的道德性活动。在马克思主义之前,西方的实践观主要有以下几种:(1) 道德实践论。西方最早探讨实践问题的亚里士多德将人类的活动分为制作、实践、理论。认为实践是一种以实现"善"为目的的行为,是一种"为自己的生存而生存"的自由的行为,是一种个人与他者和谐共处的自足行为。即实践是一种满足自我与他人生活的道德行为,只有贵族阶级才能真正享有与实现。与此类似,康德在《判断力批判》中,将实践分为技术实践(按照自然规律认识和改造自然的活动)、道德实践(按照道德法则处理各种交往关系的活动)。在他看

---

① 习近平. 习近平在纪念马克思诞辰 200 周年大会上的讲话 [N]. 人民日报, 2018-05-05 (1).

来，道德是超越感性的，是以已经先验存在的道德法则为基础的，只有道德实践才是真正的实践。（2）自我、精神实践论。费希特将纯粹、绝对的自我看成是能够"无中生有"地创造一切的抽象主体。然后从"本我"（自我）出发，认为自我不仅是认识的主体，而且还是行动（实践）的主体。但费希特的主观能动性和实践，是神秘化、非感性、非现实的，是一种抽象性的实践，是一种自我意识的活动。黑格尔摒弃了之前哲学家将实践与生产劳动相对立的做法，企图用绝对精神将康德提出的技术实践和道德实践统一起来，认为实践是一种人特有的、本质性的、目的性的、中介性的、社会性的活动。但是，黑格尔的实践只是绝对理念的外化，本质还是纯思辨的，与费希特一脉相承。（3）功利实践论。费尔巴哈把实践与人的实际生活联系起来，但将实践局限于起居饮食的日常生活活动，有时甚至专指犹太人的商业谋利活动（卑污的商贩式活动）。显然，这种实践是一种被降低的、世俗化的、功利化的实践，它虽然植根于人类生活的现实土壤，但只是人类最低层次的生存性需要，并不是改造世界、变革现实的决定力量。同样，现代西方哲学流派中的实用主义也强调实践。提出了"实践优于理论""实践具有检验、证明和发展理论的功用""实践是检验真理的标准"等论断，威廉·詹姆士还曾认真分析过实用主义的理论基础，说道："看一下这个概念的历史就会更明白实用主义的意义。实用主义这个名词是从希腊的一个词派生的，意思是行动。'实践'和'实践的'这两个词就是从这个词来的，1878年皮尔斯开始把这个词用到哲学上来。"① 但与马克思主义认为实践是人有意识、有目的地改造客体世界的物质活动不同，实用主义把实践与有用性等同起来，"实用主义愿意承认任何东西，愿意遵循逻辑或感受，并且愿意考虑最卑微的纯粹是个人的经验。只要有实

---

① ［美］詹姆士. 实用主义［M］. 陈羽纶，孙瑞禾，译. 北京：商务印书馆，1979：26.

际的后果，实用主义还愿意考虑神秘的经验"①，认为实践、行动更多指追求个人"成功"的盲目冒险行为，本质也是功利主义。（4）技术实践论。持这种观点的主要是英国学者培根。培根不满哲学史上轻视自然哲学，重视道德哲学、政治哲学、神学的传统，认为正是这种传统妨碍了自然哲学的发展，使自然哲学处于幼稚状态。他认为实践有两种：一种是在物理学之下的机械学，一种是在形而上学之下的所谓幻术。认为只有前一种实践才能产生功用，才能用结果衡量，才应该被重视和追求。强调实践就是科学技术的运用，功用是其根本属性，与功利实践论具有相似之处。

可见，以往的哲学家有的按照唯心论观点把实践理解为富有创造性的精神活动，有的按照直观唯物论观点把实践理解为同动物活动没有区别的物质性活动，有的从机械实践的角度将其等同于科学技术活动，都没能把实践的能动性和物质性统一起来。马克思在《关于费尔巴哈的提纲》中，首次系统论述了其实践观点，揭示了科学实践观的基本内容。指出以前的一切旧唯物主义没有把对象、现实、感性当作感性的人的活动，当作实践去理解，不是从主体方面去理解②，明确实践是社会生活的本质，是检验真理的标准，是马克思主义哲学与其他哲学的根本区别。随后在《德意志意识形态》中，其进一步看到了物质生产实践活动（劳动）在社会发展中的巨大作用，明确物质生产实践活动是人的存在方式，是人安身立命的根本，是人最本质的规定性，是人类能动地改造世界的社会性的物质活动。第一次实现了人与自然、人与社会、物质与观念、主观与客观的统一，弥合了前人分歧，建立了科学的实践理论。

---

① ［美］詹姆士. 实用主义［M］. 陈羽纶，孙瑞禾，译. 北京：商务印书馆，1979：44.

② 中共中央马克思恩格斯列宁斯大林著作编译局. 马克思恩格斯选集：第1卷［M］. 北京：人民出版社，2012：133.

二、马克思主义科学实践观的主要内容

1. 实践是人与人类社会形成的基础。人与动物不同，动物只是它的环境的组成部分，它只能在自然的选择中生存和发展，无法超越自然。人及其社会虽然也从自然而生，但不是自然界自发发展的结果，人不是从外部环境中摄取自然所提供的现成的物质和能量，而是依靠自己的劳动实践去创造自己所需要的物质生活资料，通过劳动实践改变外界物质的自然形态，以满足自己的生存需要。可见，劳动是人与动物的根本分界线。在此基础上，马克思主义第一次明确了劳动生产是人和人类社会存在、发展的基础，是"整个人类生活的第一个基本条件，而且达到这样的程度，以致我们在某种意义上不得不说：劳动创造了人本身"①。首先，在劳动的过程中，古猿形成了劳动的专门器官——手，学会了直立行走，促进了大脑发育。其次，劳动提出了交流信息的需要，促进了人类语言和文字的形成。再次，由于语言的产生、大脑的发育，形成了人类特有的思维器官，发展出了人类特有的意识、精神，促进了人的出现。最后，劳动的社会活动与交往属性，形成了人类社会，发展了人类文化和文明。可见，实践使得统一的物质世界分割为自在世界和人类世界，又使两者在新的高度上统一。要了解人和人类社会，就必须了解人类实践。实践的观点是马克思主义哲学研究人类社会历史最为基本的观点。

2. 实践是人类社会生活的本质。人类社会一经形成，就总是要干预甚至筹划自然发展过程，使之由自在存在变成合乎人意愿的存在。那人类社会何以有如此这般本领？其巨大的能量源于何处？唯心主义历史观把社会看作是观念的产物，彻底否定社会的客观性，对社会本质作了

---

① 中共中央马克思恩格斯列宁斯大林著作编译局. 马克思恩格斯选集：第 1 卷 [M]. 北京：人民出版社，2012：508.

目的论的曲解。自然主义历史观把人类社会自然化，他们或者把社会的本质归结为自然环境，或者把社会的本质归结为人的自然属性，即生物本能。这两种观点都没有真正理解和把握社会的本质。与此不同，马克思第一次指明了实践是人类社会生活的本质，"社会生活在本质上是实践的。凡是把理论导致成神秘主义的神秘东西，都能在人的实践中以及对这个实践的理解中得到合理的解决"①。这是因为：第一，实践是人的全部社会关系形成和发展的基础。劳动实践在为人类生产生活必需品的同时，还生产着人与人的社会关系；在改造客观世界的同时，还改造着自己的思想。人无法在纯粹思维中结成联系，也无法在单纯的自我思考中提升自己，人类社会复杂的关系网，都是在实践的基础上建构起来的。如为什么异地恋往往会成为爱情的最大杀手？因为没有共同的实践就难有共同的话语与理想。为什么人往往都会从自我出发理解世界？因为别人的意见、观点都无法代替自我的实践与经历。第二，实践构成了社会生活的基本领域。人们通过实践活动改造自然、社会和人本身，形成了社会生活的基本领域，即社会的物质生活、政治生活和精神生活领域。其中社会物质生活主要源于人们的物质生产实践，政治生活直接源于人的社会政治实践，精神生活直接源于人们的科学文化实践。第三，实践构成了社会发展的动力。社会发展主要是社会关系的变化以及社会结构的变迁，而社会关系、社会结构是人的实践活动的对象化和实践得以进行的自为存在形式。因此，社会发展的动力绝不会产生于人的实践活动之外，只能形成于人的实践活动之中。如人类痛苦的根源是什么？想的太多，做的太少；要的太多，行动的太少。在日常生活中，我们会发现思维的困难是最大的困难。人们一旦陷于思维困境，自我设限、不敢尝试、耻于挑战，问题就会越想越多，越想越难，永远无法克服；反

---

①　中共中央马克思恩格斯列宁斯大林著作编译局.马克思恩格斯选集：第1卷［M］.北京：人民出版社，2012：135.

之，实践中的困难是最小的困难，一步步走，一步步靠近，即使不能完全实现，也可不断超越。实践推动个体与社会的积累、成长，是社会发展的动力。

3. 实践贯穿认识形成、发展的全过程。实践作为整个认识论的基础和灵魂，对认识的生成与发展具有决定性作用。（1）实践是认识的来源。马克思对人类发展一般规律和资本主义发展特殊规律的认识来源于实践；中国共产党人对社会主义初级阶段、中国特色社会主义的认识来源于实践。实践是一切知识的根源，没有实践认识仅仅就现象的反映，无法把握事物的本质。（2）实践是认识的动力。实践的需要推动认识的发展；实践提供新的认识工具、手段、经验推动认识发展；实践在改造客观世界的同时提升人的主观认识能力推动认识发展。（3）实践是认识的目的。认识世界是为了更好地改造世界。马克思主义认识人类社会发展规律的目的是为了推动无产阶级和全人类解放；中国共产党认识主要矛盾和基本国情的目的，是为了实现人民幸福、民族复兴。（4）实践是检验认识真理性的唯一标准。实践结果的直接现实性，决定了其是检验主观认识是否与客观现实相符合的唯一标准。

4. 实践是人的存在方式。人是什么？人是怎样的存在？有人认为是理性、道德、自我意识或思想等精神性存在。这种观点虽然看到了人的超越性、独特性，但忽略了人的自然属性，忽视了人的感性本质，理论上容易导致人的神秘化、抽象化，没有明白人的超越性是基于自然性的超越。实践中容易忽略人的自发性、物质性，犯主观主义、浪漫主义的错误。有人认为人是像动物或机器一样的感性的自然存在物。这种观点没有看到人对自然的超越，没有看到人的自然性是超越自然的自然性。简单讲，这两种观点都无法解释人为什么具有自然性与超越性，是合规律性与合目的性、人的尺度与物的尺度、客体主体化与主体客体化的统一，都没有科学回答人的本质与存在方式。只有理解了实践是人的独特存在方式，才能解决上述理论与实践的对立、冲突。这不仅是因为自然的、物质的人的产生发展源于劳动实践，也因为社会化的人、精神性的人也是源于实践的推动与发展。对此马克思、恩格斯明确指出"个人怎样表现自己的生活，他们自己就怎样。因此，他们是什么样的，这同他们的生产是一致的——既和他们生产什么一致，又和他们怎样生产一致"①，明确人的本质是一种包含理性的感性活动，是实践的存在。

三、科学实践观的重要意义

1. 理论意义：（1）克服了旧唯物主义和唯心主义的根本缺陷，为辩证唯物主义奠定了科学的理论基础。旧唯物主义和唯心主义由于不懂科学的实践观，要么从纯主观理解世界，要么从机械唯物主义看待生活，都不懂得实践在认识中的决定性意义。马克思主义第一次通过科学的实践观，将主观能动性与客观规律性、自然性与超越性统一了起来，实现了唯物论和辩证法的结合，为形成崭新形态的唯物主义即辩证唯物主义理论奠定了坚实基础。（2）克服了旧唯物主义认识论的缺陷。旧唯物主义认识论由于没有看到实践在认识中的决定性作用，认为认识是消极、被动、直观的反映，是一次性完成的，无法把握认识的真正本质。马克思主义从实践出发，明确认识不仅是主体对客体的反映还是改造，不是消极反映而是能动反映，不是一次完成而是不断发展，克服了旧唯物主义直观反映论的缺陷。（3）使哲学摆脱纯思辨窠臼，建立了新的世界观。以前的哲学家由于没有找到理论与现实结合的桥梁，没有明确认识世界与改造世界的辩证关系，更多停留于解释世界。马克思主义在科学实践观的基础上，以改造世界为根本使命，以实践作为检验真理的唯一标准，建立新的世界观，开启了哲学新的纪元。

---

① 中共中央马克思恩格斯列宁斯大林著作编译局. 马克思恩格斯选集：第 1 卷［M］. 北京：人民出版社，1995：67-68.

2. 实践意义：（1）中国共产党建立实事求是思想路线的科学指引。实践决定认识，认识必须经过实践检验并在实践中发展，决定了中国共产党人必然强调一切从实际出发、理论联系实际、实事求是的思想路线，以使主观符合客观，实现具体的历史统一。（2）是中国共产党人群众路线建立的根本。实践是社会生活的本质，人民群众是实践的主体，是历史的创造者。中国共产党人要让自己的重大理论、方针、政策科学化，就必须在实践中了解实际，密切联系群众，从群众中来到群众中去，以契合满足人民需要、实现人民期待。（3）是中国共产党坚持以问题为导向的基础。从实践出发，用实践检验真理、发展真理，就必须关注问题、解决问题，坚持问题导向、明确问题思维，这使得中国共产党人的方针政策更具针对性、现实性。

实践的观点是马克思主义的基本观点，是中国共产党的基本品质。准确把握认识马克思主义实践观，才能坚持马克思主义的基本立场、观点、方法，才能从整体上把握马克思主义的精髓和特质。

专题十二 如何理解实践在认识中的决定作用

辩证唯物主义把实践引入认识论，科学地说明了实践和认识的辩证关系，揭示了人类认识的本质及其发展规律。理解实践在认识中的决定作用，是理解认识产生、发展、目的及检验标准等一系列重要问题的关键。这一决定性作用表现在以下几个方面。

一、实践是认识的来源

今天有些西方媒体和政客对中国有误解，一个重要原因是他们没有来中国走走、看看，没有亲身实践，只有刻板印象或主观臆断。同样，没有中国共产党"两次成功、两次失败"的经验和教训，就不会有中国特色革命道路的成功；没有全盘西化和马克思主义教条化的失败，就不会有中国特色社会主义事业。可见，实践是认识的来源，是认识的源头活水。就像毛泽东同志所说，"你要有知识你就得参加变革现实的实践。你要知道梨子的滋味，你就得变革梨子，亲口吃一吃"①，荀子也说"不登高山，不知天之高也；不临深渊，不知地之厚也"②，可见，一切知识最终都来源于实践。但每个人的生命、精力、能力都是有限的，不可能事必躬亲，因此强调一切认识都来源于实践，并未否认从书

---

① 毛泽东. 毛泽东选集：第一卷［M］. 北京：人民出版社，1991：287.
② 荀况. 荀子［M］. 黑龙江：北方文艺出版社，2020：156.

本或他人那里获得间接经验的重要性。如关于砒霜，本草纲目早有记载，"砒，大毒也"，说明前人已实践过且有人为此付出了生命，就不需要每个人再去亲自实践了。不仅重视直接经验，还重视间接经验，这是教育的伟大之处，也是人类能够实现隔代积累，不断超越其他动物的根本。

二、实践是认识发展的动力

是什么推动着人的认识不断发展？有人认为是求知欲、好奇心、兴趣，从认识本身解释认识的动因，本质上是唯心主义。马克思主义认为，实践是认识发展的根本动力，主要表现在：第一，实践的需要推动认识的产生和发展。恩格斯曾说："社会一旦有了技术上的需要，这种需要社会比十所大学更能把科学推向前进。"[①] 观察人类历史可以发现，残酷的战争却往往是推动人类科技发展的重要力量。如军事科技中的飞机、坦克、机关枪、航空母舰以及日常生活中的卫生巾、打火机、手表都来自一战；雷达、导弹、喷气式战斗机、原子弹、计算机、装甲车等则是二战的产物。为什么战争能够如此迅猛地刺激科技的发展？是因为战争期间的科技水平往往会直接决定自身的生死、一国的成败、世界的格局。即战争时期各国对科技的需要最迫切，因此科研投入更多、科技产出较为迅猛。同样在教育的实践中，我们也能发现两种不同的状态：一是日常的课堂教学，即使老师讲得不错，也总有同学不听；二是考研辅导或考试辅导，老师讲得再枯燥，大多数学生都会认真听，生怕错过老师讲的任何一个重要考点。其关键区别在于日常授课，学生感觉知识点与自身需求之间的联系不直接、不紧密，考研或考试辅导的需求则是直接明确的。在学科产生和建立的过程中，实践的影响也无处不在，如

---

① 中共中央马克思恩格斯列宁斯大林著作编译局. 马克思恩格斯选集：第 4 卷［M］. 北京：人民出版社，2012：648.

丈量土地的需要产生了数学，农业生产和航海的需要产生了天文学，战争的需要产生了军事学等。可见，人类的"好奇心""求知欲""理论兴趣""个体爱好"虽然也是推动认识发展的重要动力，但终究是第二位的。实践的需要，满足生存和发展的需求才是根本，忽略这一点就会陷入唯心主义的泥潭。第二，实践促进经验资料、实验仪器和工具的进步，推动认识的发展。一是实践提供的实验仪器和工具，促进认识的发展。认识需要一定的中介、一定的物质条件和手段来弥补人感觉器官的不足，推动认识发展。而物质条件、手段、中介的创造、改善来源于实践。如正是因为有了显微镜我们才能认识微观世界，有了望远镜才能看到遥远的星空。没有实践基础上认识工具和仪器的发展，人类不可能如此深刻广泛地认识世界。实践为认识提供工具，工具为认识提供更多可能。二是实践提供大量有关的经验材料拓展人们认识的深度和广度。如近代中国救亡图存道路的探索就源于经验累积基础上的认识提升。开始我们认为中国之所以落后是因为科技不如人，在"师夷长技以制夷"的理念下开展了轰轰烈烈的洋务运动，但中日甲午战争的失败显示了这一认识的局限性。后来以康有为、梁启超为首的改良派和以孙中山为首的革命党开始了以变革政治体制为目的的探索，但随着戊戌变法、辛亥革命的失败，说明这一认识也不够完善。进一步反思后，才有了后来的新文化运动及五四运动，才有了从思想上启蒙人民、再造新人的尝试。同样，没有十五六世纪工业、商业、航海业等实践发展所积累的经验材料，哥白尼的太阳中心说就不可能产生。没有第谷对天体长期观测所积累的大量资料，开普勒就不可能发现行星运行的三大定律。实践获取的经验、材料是促进认识发展的另一动力。第三，实践改造人的主观世界，锻炼和提高人的认识能力。一是通过实践，人与事物形成更亲密的联系，能提升人的认知能力。"近水知鱼性，近山识鸟音"，经常住在水边或经常接触水的人，能更懂鱼性；山里的人因为经常接触鸟，更加了解鸟的生存规律。同样，青年学生要建立对祖国的浓烈情感，就要多调研、多与人民接触，在实践中加深对祖国的认识。二是"人的智力是按照人如何学会改造自然界而发展的"①。在实践的过程中，随着对自然改造的深入，人也会改造自己。人的大脑会不断发育，提升人的认识能力。以人的脑容量发展为例：300万年前，非洲南猿的脑容量只有440ml；100万年前，非洲能人的脑容量是600ml~650ml；80万—100万年前的中国蓝田人，脑容量已达到780ml；24万—28万年前的和县人，脑容量增长到了1025ml；而现代人的平均脑容量是1400ml。即实践会改造人的生理基础，提升人的认识能力。

三、实践是认识的目的

认识世界不是目的，改造世界才是。如果认识不为实践服务，它就会丧失价值和意义；如果认识不能指导实践，就无法得到发展和检验。"如果有了正确的理论，只是把它空谈一阵，束之高阁，并不实行，那么，这种理论再好也是没有意义的。"② 我们读书，不是为了读书而读书，而是为了更好地生活、更好地创造未来而读书，所以要反对死读书、读死书；马克思之所以创立马克思主义，不是为了建立一个完备的理论体系，而是为了实现无产阶级和全人类的解放。就像习近平总书记说的："马克思主义不是书斋里的学问，而是为了改变人民历史命运而创立的，是在人民求解放的实践中形成的，也是在人民求解放的实践中丰富和发展的，为人民认识世界、改造世界提供了强大精神力量。"③思考：马克思主义文化观与资产阶级文化观的最大区别是什么？马克思主义认为文化的根本是改造主观和客观世界。要改造世界就必须为改造世界的主体工农和人民服务，所以马克思主义文化观强调文化要反映生

---

① 恩格斯. 自然辩证法 [M]. 北京：人民出版社，1971：209.
② 毛泽东. 毛泽东选集：第一卷 [M]. 北京：人民出版社，1991：292.
③ 中共中央党史和文献研究院. 十九大以来重要文献选编（上）[G]. 北京：中央文献出版社，2019：440.

活、反映群众、反映现实，要武装人民、教育人民、激励人民，要被人民所认可、接受、践行。与此不同，资产阶级文化观更多强调个体兴趣、爱好、情绪的渲染，是个人审美和认知的表达，容易无病呻吟、为赋新词强说愁，缺少改造世界和服务人民的现实性。可见，实践是认识的目的，是马克思主义文化观问题导向和人民导向得以建立的基础，是中国共产党人民中心论形成的重要条件。

四、实践是检验认识真理性的唯一标准

马克思说："人的思维是否具有客观的真理性，这并不是一个理论的问题，而是一个实践的问题。人应该在实践中证明自己思维的真理性，即自己思维的现实性和力量，自己思维的此岸性。"[①] 人们的认识是否正确以及正确的程度如何，都应通过实践来检验。如为什么说中国共产党的领导是中国特色社会主义制度的最大优势，为什么说多党制不适合中国？首先从现实的实践结果看，在中国共产党的领导下，中华民族实现了从站起来、到富起来再到强起来的伟大飞跃；在中国共产党的领导下，中国改革开放 40 多年的经济规模扩大了 25 倍，消除了世界上 7.7 亿的贫困人口，实现了全面小康，并且正迈步走向世界舞台的中央。在这一过程中对外我们没有发动战争，对内保持了安定团结。其次从历史的实践结果看，北洋军阀和民国时期我们都实行过多党制（最多时我们有 300 多个政党），也经历过资产阶级的统治时期，但国家四分五裂、民不聊生，说明资产阶级的政党制度并不适合中国。再次从世界其他发展中国家的实践看，据美国学者亨廷顿统计，当今世界保持稳定和繁荣的 11 个多党制国家全是发达国家，发展中国家实行多党制的无一能够保持稳定和繁荣。可见，当代实践、历史实践、他国实践都说

---

① 中共中央马克思恩格斯列宁斯大林著作编译局. 马克思恩格斯选集：第 1 卷［M］. 北京：人民出版社，2012：137-138.

明，只有中国共产党才能救中国，只有中国共产党才能繁荣和发展中国。中国共产党的领导是中国特色主义的本质特征，必须坚持。

　　综上，马克思主义的认识论是以实践为基础的能动的反映论，它强调认识的来源、认识的发展动力、检验认识的标准和认识的目的都离不开实践。可见"生活、实践的观点，应该是认识论的首要的和基本的观点"①。

---

　　①　中共中央马克思恩格斯列宁斯大林著作编译局. 列宁专题文集·论辩证唯物主义和历史唯物主义［M］. 北京：人民出版社，2009：49.

专题十三　把握感性认识、理性认识与非理性因素的关系

　　马克思主义认识论是以实践为基础的主体对客体的能动的反映论，这种能动的反映论生动地体现在认识的辩证运动过程中。列宁说："从生动的直观到抽象的思维，并从抽象的思维到实践，这就是认识真理、认识客观实在的辩证途径。"① "生动的直观"指实践基础上的感性认识，"抽象的思维"指理性认识。毛泽东进一步明确，"一切比较完全的知识都是由两个阶段构成的：第一阶段是感性知识，第二阶段是理性知识，理性知识是感性知识的高级发展阶段"②。在认识的过程中人首先用感觉器官观察对象，形成感性认识，在此基础上对感性认识材料进行加工制作，形成理性认识。感性认识和理性认识是由实践到认识这一飞跃过程中的两个阶段，也是人们观念地把握世界的两种形式。与此同时，非理性因素也会对人的认识产生重要影响。本专题围绕三者的内涵、关系、作用展开论述。

一、感性认识与理性认识的基本内涵

　　感性认识是人们在实践的基础上由客观事物直接作用于人的感官而

---

　　① 中共中央马克思恩格斯列宁斯大林著作编译局. 列宁全集：第 55 卷［M］. 北京：人民出版社，1990：142.

　　② 毛泽东. 毛泽东选集：第三卷［M］. 北京：人民出版社，1991：815.

产生的关于事物现象、事物外部联系、事物各个方面的认识。感性认识有感觉、知觉、表象三种形式。感觉是人的感觉器官对客观事物的个别属性、个别方面的直接反映,包含视觉、听觉、嗅觉、味觉、触觉等。如我们看到苹果是红的,摸到是光滑的,尝到是甜的都属于感觉。知觉是在感觉的基础上形成的,是将各个方面感知到的信息、材料加以整合,对客观事物外部特征的整体反映。如我们认识到苹果又红又甜又光滑,这就是对苹果的整体知觉。表象是感性认识的最高级形式,是人脑对过去感觉和知觉的回忆,是曾经作用于感觉器官的那些客观对象的形象再现和重组。如苹果不在眼前,但只要一提"苹果"这个词,我们脑袋里就会出现又红又甜又光滑的苹果形象就是一种回忆再现下的表象。可见,表象已摆脱了感觉和知觉过程的直接性,具有一定程度的间接性和抽象性,从而打开了感性认识通向理性认识的大门。总体上看,感性认识具有形象性和直接性的特点。

理性认识是人们对感性认识的材料进行抽象和概括而产生的对事物本质、事物整体和事物内部联系的认识。人们凭感觉器官不能把握到的东西,理性认识能够把握到。一切科学的定义、定理、定律、理论、观点等都属于理性认识。理性认识对事物的反映,虽然不如感性认识具体形象,但它更深刻、更完整地反映事物的本质和规律。理性认识有概念、判断、推理三种形式。其中概念是理性认识最基本的形式,是对同类事物一般特性和本质属性的概括和反映。如物质具有客观实在性,商品是用于交换的劳动产品就是对物质和商品本质的概括。判断是对事物之间联系和关系的反映,是对事物是什么或不是什么,是否具有某种属性的判明和断定,依赖于对事物概念的了解与把握。如了解了物质的概念,我们就能判定人的思维不属于物质;了解了商品的概念,就能判定用于买卖的手机是商品。推理是从事物的联系或关系中由已知合乎逻辑地推出未知的反映形式。在逻辑形式上,推理表现为由概念构成的判断之间的一定的联系或关系。如我们从商品的定义,判断出碳排放权是一种商品，就可以推断出它一定可以进行交换，用于买卖。理性认识不仅表现为个别概念、判断、推理的形成，还表现为概念、判断、推理所构成的完整理论体系，往往具有抽象性、间接性的特点。

感性认识是认识的初级阶段，理性认识是认识的高级阶段。人们只有将感性认识转化、升华为理性认识才能深化认识，把握事物的本质与规律。两者在认识的高低程度上存在明显差异，但不能得出理性认识比感性认识更加正确的结论。感性认识虽然仅是对事物表象和外部联系的认识，但其反映的是客观实在，只要在反映过程中没有明显的扭曲和偏颇，其就是正确的。如苹果是红的，就是一种正确认识。同理，理性认识虽然是对事物本质和内部联系的概括与抽象，但从现象到达本质的抽象过程和结论并不一定都正确。如我们从某个人的外在表现得出这个人是个好人的判断就可能是错的。因此，要避免将感性认识与理性认识从正确性上划分界定的错误观点。

二、感性认识与理性认识的辩证关系

感性认识与理性认识在特点、内容和程度上存在差异，但两者的关系是辩证统一的。理性认识以感性认识为前提，感性认识以理性认识为归结；感性认识中蕴含着理性认识，理性认识是对感性认识的整合、提升与深化。具体表现在：

第一，理性认识依赖于感性认识。在社会实践中，人们首先获得的是感性的直接的经验。没有感性材料、实践经验，理性认识就是无源之水、无本之木。如我们要形成对某个人或某个国家的正确认识，就要通过实践接触、了解这个人或这个国家。我们要判断中国未来经济发展的形势，前提是要掌握中国经济的就业数量、产业结构、发展质量等感性材料。没有实践经验、没有现象观察、没有感性材料，不能一切从实际出发、实事求是，必然会陷入主观与唯心。带来的启示是要坚持没有调查就没有发言权的认识方法，避免闭门造车、主观臆想和拍脑门决策。

坚持了这一点，就坚持了认识论问题上的唯物论。

第二，感性认识有待发展深化为理性认识。人的认识只有从感性上升到理性，才能对我们在实践中获得碎片化、具体化、杂乱化的材料进行整合、选择、加工、改造，形成概念和理论系统，把握事物的本质、内部联系和规律，更好地指导实践。如印度有一个饶有趣味的故事，说舍罕王打算重赏象棋的发明人——宰相达依尔，国王问他有何要求，这位宰相说，从棋盘第一格赏给一粒麦子、第二格二粒、第三格四粒，这样依次加倍直到第六十四格的麦粒，都赏给他。国王一听认为区区赏金微不足道，于是满口答应了。结果怎样呢？一袋麦子还没有计算到第二十格就完了，如果计算到第六十四格，即使拿出印度的全部麦子，也不够。因为按照这位宰相的要求，需要 18446744073709551615 颗麦粒！是全世界在两千年内所生产的全部小麦。而国王之所以一开始答应，是因为这一复杂问题只有通过抽象的数字运算才能把握，感性认识是不能准确认知的。同样，今天美国对中国进行经济、政治、军事、外交、科技的全方位遏制与打压，感性上是两国的正常冲突，但理性上我们知道这是美国要遏制中国的发展，阻断中华民族伟大复兴的进程，因此要做好全方位应"战"的准备。正如毛泽东所说，感觉到了的东西，我们不能立刻理解它；只有理解了的东西才更深刻地感觉它。承认感性认识有发展为理性认识的必要，就是坚持认识论问题上的辩证法。

第三，感性认识和理性认识相互渗透。一方面，世界上不存在纯粹的感性直观，感性认识中渗透着理性认识。离开概念、判断、语言、思维，人无法把握、表达自己的感性经验，所有的感性认识都是在理性认识的指导下进行的，理性指导越自觉，感性认识越深刻。没有理性认识，只能产生动物式的被动感知。另一方面，理性认识中渗透着感性认识。理性认识以感性材料为基础，其在对感性材料抽象的过程中，依然包含着感性材料的具体内容，脱离感性认识，理性认识缺少赖以产生的基础和得以实现的手段。可见，感性认识与理性认识的区分是相对的，它们总是你中有我，我中有你。如这是一个红苹果，"红"是感性认识，"苹果"是理性判断。中国是一个具有发展前景的大国，"大国"是感性认识，"具有发展前景"是理性认同。感性认识和理性认识相互渗透，彼此融合。

割裂感性认识与理性认识的辩证关系，会产生两种错误观点：一种是否认感性认识重要性，片面夸大理性认识作用的唯理论；另一种是否认理性认识重要性，片面夸大感性认识作用的经验论。在实际工作中，教条主义和经验主义是唯理论和经验论的典型代表。其中教条主义轻视实践、轻视经验，不分析事物的变化、发展，不研究事物矛盾的特殊性，生搬硬套现成的原则、概念、书本知识、上级指示来处理问题。如将马克思主义教条化，将苏联经验神圣化，将领导人的观点绝对化，将西方的模式、制度、价值普世化等都是其重要表现。经验主义则是轻视理论、轻视逻辑，将局部和个体经验当成普遍真理。如有人看到某个内蒙古人会骑马，得出所有内蒙古人都会骑马；有女生第一次被某个男生骗了，得出所有的男人都是骗子；有人去了一趟美国的纽约，认为美国哪里都是黄金；有人在资本主义快速发展时，认为资本主义哪都好，在资本主义面对危机时，认为资本主义哪都不好；某人成功时，认为这个人说什么都有道理，某人失败时，又认为其一无是处。这些都是经验主义的重要体现。日常生活和实践中绝大多数的"地域黑""性别歧视""种族歧视"都属于这一类。马克思主义强调认识是感性认识与理性认识的统一，就是要求我们要将实践与理论结合、将具体与抽象结合、将分析与综合结合，既强调实践是认识根源，又明确理论分析、抽象思维的重要价值。

三、非理性因素在认识活动中的重要性

人的认识过程是合规律性与合目的性的统一，主要是理性的活动过程。但由于人不是纯理性的存在，因此，在认识的过程中，非理性因素

也占有重要地位。

"非理性"是相对于"理性"来说的。广义的理性是指基于现有理论，通过合理推导得到确定的结果，包括感性反映形式和理性反映形式；狭义的理性则仅指概念、判断、推理等抽象的逻辑思维形式。非理性因素指主体的情感、意志、情绪以及信仰、知觉、灵感、顿悟等。这里讲的"理性""非理性"是广义的概念界定。非理性因素在认识过程中的作用是多方面的，主要体现在：

1. 非理性因素的导向作用。在现实实践中，人的认识必然受阶级立场、血缘关系、情感偏向的影响，没有人能够脱离自己的生活环境、社会处境去纯客观地认识事物。如雷锋同志说"对待朋友要像春天般的温暖，对待敌人要像严冬一样冷酷无情"，不仅阶级情感如此，主观情感、主观信仰也会，如信仰基督教的人认为人是带有原罪的，现实生活是个"赎罪"过程，天堂、来世才是我们要追寻的目标；中国传统社会有人认为，自己这一生过得好不好，取决于个人的生辰八字，都是强调非理性因素的作用。非理性因素引导着人对事物认识的方式与结果。

2. 非理性因素的激励和驱动作用。在人认识事物的过程中，情感、意志等非理性因素往往是强大的内驱力。就像列宁所说："没有'人的情感'，就从来没有也不可能有人对真理的追求。"① 没有实现人民幸福、民族复兴的强大初心和使命，中国共产党人就不会有深入研究中国革命规律的动力。没有对知识和真理的热爱，不会有许多科学家殚精竭虑的不懈探索。没有对某个人的强烈情感，也难有深入理解的冲动。可见，坚忍的意志、饱满的热情、坚定的信念，往往能激发人强大的精神力量，驱动人更好地认识客观世界和目标。

---

① 中共中央马克思恩格斯列宁斯大林著作编译局. 列宁全集：第25卷［M］. 北京：人民出版社，1988：117.

3. 非理性因素的创造和激发作用。理性因素遵循的逻辑思维模式，有时会使人形成思维定式，陷入思维困境，非理性因素却可能使人了然通透、直达真理。如学习中，不同学生的学习能力、成长速度除了与个体的记忆能力、勤奋程度相关外，还与每个人对生活和实践的整体感知力和领悟力紧密相关，直觉、顿悟、领悟也是一个人成功的重要因素。日常生活中，我们可能会在某个阶段陷入某个思维的"死胡同"，久久无法解惑、超脱，这时一个灵感或偶然间的顿悟就能使我们豁然开朗、醍醐灌顶。可见，非理性因素是理性因素的重要补充，也是人类许多重大发明和创造的重要动力。

非理性因素在人认识中的作用是重要的，但其与理性因素又不能截然分开。我们的实践越深入、对材料的把握越全面、对生活的体验越生动，非理性因素中的情感、兴趣、直觉、顿悟就越容易涵养孕育。我们对世界的理解越深刻，对规律的趋势越确认，我们的意志力就会越坚定。同时，非理性因素本身也要依赖于具体条件而存在，这些条件可以被理性认识、把握。如人在悲伤、困顿时往往更感性，所以中国有句话叫"多愁""善感"；相对于白天，人在夜晚的时候人更感性，所以一个伟大的推销员，往往会在晚上进行推销；女性相对男性对情感、形象更感性，就像《诗经》里说的："士之耽兮，犹可说也；女之耽兮，不可说也！"所以世界上百分之七十的广告投向女性。可见，非理性因素与理性因素也是辩证统一的，两者既相互区别，又相互联系。

感性认识、理性认识、非理性因素构成了认识的基本过程和内容，准确认识三者内涵、把握三者关系，是遵循认识规律，更好解释和改造世界的基本要求。

专题十四　真理与价值的辩证关系及其启示

人为什么而思考？一是为了获得对客观事物及其发展规律的认识，探寻世界本身的运行逻辑和规律，把握真理，让主观符合客观，以更好地认识和改造世界。解决的是客体本身"是什么、怎么样、为什么"的问题。传统哲学的"本体论"，亚里士多德的"吾爱吾师，吾更爱真理"，德国诗人莱辛的"追求真理比占有真理更宝贵"，中国屈原的"路漫漫其修远兮、吾将上下而求索"以及革命先烈夏明翰的"砍头不要紧，只要主义真"都体现了人们对真理的探求。二是要追求生活的意义与价值，明确世界与主体的关系，找到"属人"的世界，为满足人的需要进行探索。主要探讨的是"事情是好是坏、应该如何、应该怎样"的问题。日常生活中人们不断追问的为什么要读书、为什么要结婚、为什么活着等等都属于价值范畴。追求真理与实现价值是人类活动的两大基本原则，是认识的两大目的。

一、真理和价值的基本问题

1. 真理。自古以来，许多先贤都把获得真理看作是认识的目的，但在真理是什么，人怎样才算把握真理，人是否能够把握真理等重大问题上却存在根本分歧。如柏拉图认为真理是某种超验的、永恒的"理念"，经院哲学家把真理看作是上帝的属性，休谟认为真理是观念和主体感觉相符合，康德认为真理是思维同它的先验形式相一致，实用主义认为真理是观念和行为对人有用的效果等。马克思主义在批判继承前人的基础上，认为真理是标志主观同客观相符合的哲学范畴，是人们对客观事物及其规律的正确认识，与谬误相对应。真理作为人的正确认识，具有人类认识的主观形式，要通过主观的形式如概念、判断、推理等表达出来。但是，某一认识是否为真理的决定性条件，不取决于其主观形式，而取决于其内容。真理的内容是认识与客观规律、客观事物的一致性，客观规律和客观事物不以人的意志为转移，客观性是真理的本质属性。如在太阳系中，关于地球围绕太阳转的认识是真理，不以人的意志为转移；中国共产党关于社会主义初级阶段的认识是真理，已被实践所证明，不以人的意志为转移。同样，谬误也具有客观性。有神论者认为上帝创造世界，是谬误，也不依赖于人的意志而改变。可见，真理和谬误都具有客观性，要反对主观真理观。

真理的客观性决定了真理的一元性。真理内容的客观性，决定了在同一时间、地点、条件下，对同一事物的真理性认识只有一个或说对事物全面客观的反映只有一个。虽然对同一事物的认识可能"仁者见仁、智者见智"，但这往往是因为不同的人没有在同一时间、地点、条件下去认识同一事物。如果在同一时间、地点、条件下人们对同一事物还有不同认识，那也只说明每个人的认识都具有主观性或只看到了事物及其发展规律的某一方面或把握了某一部分的真实，并不代表大家的认识都是真理。如苏轼在《题西林壁》中曾如此描绘庐山"横看成岭侧成峰，远近高低各不同"。即横着看庐山，发现庐山都是岭；侧着看庐山，发现庐山都是峰。两种观点都有"道理"，但不意味着两种观点都是真理，恰恰相反，真正符合庐山的正确认识只有一个：那就是庐山既有岭又有峰，横看竖看都只是部分真实。关于房价高低的认识也是如此：一个穷人说高，一个富人说不高，那房价高低就没有客观标准了吗？如果没有，国家为什么有时刺激，有时遏制。房价高低也有一个衡量的客观标准——如居民总体收入水平等，只有符合这一标准的认识才是唯一的真理。可见，认识是多元的，但真理是一元的。但同时要注意的是，真理的一元性是针对真理的客观内容而言，从真理的主观形式看，真理的表现又是多样的。如当前我国处于社会主义初级阶段是一种真理性认识，但其表达方式可以多样：社会主义的不发达阶段、社会主义的第一阶段、相对落后的社会主义阶段等。真理是内容上的一元性与形式上的多样性的统一。

2. 价值。作为哲学范畴的价值是指主体和客体之间的意义关系，即客体对主体的积极意义。其实质是客体对主体需要的满足，能满足主体的需要就有价值，满足的程度越高，价值就越大。与客观主义价值论认为的价值是客体本身所固有的，与主体无关，以及主观主义价值论认为的价值就是主体的欲望、情感和兴趣，与客体无关的观点不同，马克思主义价值论认为价值是主体和客体之间的一种特定关系，是一种"关系态"，强调"物为人而存在"。这一概念有点类似经济学中的"使用价值"，马克思曾说"使用价值表示物和人之间的自然关系，实际上是表示物为人而存在"①，但经济学上的"使用价值"是具体的、特殊的，而哲学上的"价值"是抽象的、一般的，具有以下特征：一是主体性。主体性是价值的根本属性。价值不是任何价值客体本身所固有的属性，而是客体对主体的意义。水本身不能判定其是否有价值，要看具体情境下人是否需要，在干旱的沙漠里，水的价值极大；在洪水泛滥时，水没有价值。判定任何价值，首先要弄清它是对谁的价值，是在什么情境下有价值。二是客观性。价值不能离开客体，没有客体就没有主客体关系，就没有价值。客体的存在、属性、作用是一种客观存在，因此价值独立于人们对它的认识和评价，或说认识和评价可以反映价值，但不能创造和消灭价值。如大米、住房、衣服有客观的被需要属性和功

① 中共中央马克思恩格斯列宁斯大林著作编译局. 马克思恩格斯全集：第26卷［M］. 北京：人民出版社，1974：340.

能，本身蕴含价值。可见，价值的主体性不能脱离价值的客观性而存在，承认了价值的客观性就等于承认了价值的确定性。但又要反对客观主义价值论，即认为价值取决于其客体，而与主体无关，价值既不能脱离客体也不能脱离主体，是主客体间的特定关系。三是多维性。作为主体的人，既有物质需要又有精神需要，在物质和精神方面，又有各自许多的内容和形式。如一件衣服，可以满足人的保暖需求、审美需求以及体现自身社会地位的需求等，具有多维价值。价值的多维性，是促进人自由全面发展的重要动力。在资本主义生产方式下，由于物质和资本需求统治一切，缺乏满足人的多维价值需要的条件，人往往是单向度的、片面的、畸形的。社会主义社会，要通过废除"货币和资本拜物教"，满足人的多维需求，来实现人的全面发展。四是社会历史性。价值的社会历史性源于人的需要、实践和满足需要的形式都有社会历史性。有些事物在过去有价值，但现在没价值，反之亦如此。如石油，传统社会无法开采，几乎无价值，当前却是工业和社会运转的血脉；火柴在一段时期是人类取火的主要形式，今天几乎被淘汰。事物的价值会随着时间和主体需求、客体存在形式的改变而改变。

二、真理原则与价值原则的辩证关系

1. 两者的区别。(1) 真理原则更侧重于客体性，价值原则更侧重于主体性。真理原则要求人们的思想和行动高度地符合客观对象的内容和规律，寻求世界本身所具有或能够具有的东西，不能凭主体的需要和意愿去构造世界，这充分体现了客观性在真理中的作用。价值原则要求人们的思想和行动最大限度地保证人的社会需要和利益，按照人的内在尺度使世界为人服务，充分体现了其主体尺度。(2) 真理原则是人活动中的条件性原则，价值原则是人活动中的目的性原则。真理的客观性，决定了真理的内容及其规律是人的认识和行为要达到预期、获得成功的前提条件，不尊重和不服从这种前提条件，人就无法成功。与此不同，价值原则是为了满足人的需要这一目的，以激发人的物质和精神力量，去更好地认识和改造客体。（3）真理原则更多遵循统一性原则，价值原则更多遵循多样化原则。真理是一元的，价值是多维的，这决定了真理更多遵循统一性而价值更多遵循多样化。

2. 两者的联系。第一，任何成功的实践都是真理原则和价值原则的统一，是合规律性与合目的性的统一。如中国的新民主主义革命之所以能够成功，一方面是因为中国共产党找到了适合中国国情的革命道路——农村包围城市、武装夺取政权，找到了中国革命的真理性；另一方面是因为我们的革命契合了人民需要、满足了人民利益，得到了人民的支持，实现了人民的整体价值需求。中国的抗疫之所以能取得战略性成果，也是因为我们一方面找到了科学的救治方法、管理措施和应对策略；一方面坚持以人民为中心，得到了人民的理解、支持和帮助。价值尺度和真理尺度的统一是成功的前提。第二，价值的形成和实现以坚持真理为前提，而真理又必然是具有价值的。真理的客观性决定了没有坚持真理、顺应规律，就会受到客观事物及其规律的惩罚，一切价值和愿望都无法实现。如永动机是有价值的，但因为违背能量守恒定律，永远无法实现。民族主义和爱国主义的愿望是好的，但违背规律的极端民族主义和狂热爱国主义却不利于民族发展。同时，真理是对客观事物及其规律的正确揭示，为人们的认识、行动提供正确指引，必然有价值。万有引力的揭示、相对论的发表、马克思主义的诞生都为人类带了巨大福利。但不能因此说有价值的都是真理。水有价值，但水本身不是真理，要将真理的价值与客观事物的价值分开。第三，人类对价值的追求，是人们探索、发现真理的重要动力，满足需要是人探索的动力源泉。马克思主义之所以不断揭示自然、思维和人类历史发展的基本规律，是为了实现解放无产阶级和全人类的价值目标；天文学家探索太空，是为了人类拓展生存空间；老师不断研究教学规律，是为了实现教书育人的价值。反之，主体最可怕的是没有目标、没有需要、没有动力与渴求，对什么都不在乎，然后不努力、不奋斗、不抗争，认命、躺平、放弃。如研究发现制约一个人长久贫困的根本原因不是家庭背景，不是学历知识，也不是性格特质，而是缺乏对人生价值的追求。满足价值是探索真理的根本动力。

三、这一原理的方法论意义

1. 真理原则与价值原则的辩证统一，要求坚持弘扬科学精神与人文精神。科学精神是指追求真理和捍卫真理的伟大理性精神，是崇尚怀疑和批判的创新进取精神，是实事求是的务实精神，核心是求"真"。人文精神是建立在对人之所以为人的哲学反思基础上的精神，其表示和展现人的本质和人的追求，关注人的自由及精神的安顿，核心是求"善"、求"美"。科学精神与人文精神的统一就是要实现真善美的统一。思考：人生在世，能够简单地有一说一、将内心的欲念都表达出来吗？不可以。看见一位女士长得不太漂亮，"你"走上前去说"你长得真丑"。"你"说的可能是真话，但违背了善与美，违背了人文精神，会影响人类社会的和谐合作。当前我们生活中的有些消极、悲观与许多个体在"极端个人主义"的影响下只在乎自身感受，肆意表达内心的恶有关。也与某些媒体为了收视率、点击率不断挖掘、传播、表达社会和人性的阴暗面、丑恶面，而对许多善与美却视而不见有关。这两种现象的本质都是用片面的"真"消解社会的"善"与"美"，使得人们看不见希望，失去积极的力量。其实人类社会之所以相对于动物世界更加美好、文明，是因为人会在文化、道德、法律的约束下，将丑恶、自私、黑暗尽力压制在内心的某个角落，更多呈现美好、善良与温暖。这也是为什么教师要在课堂上更多传播正能量的原因，因为简单的真实容易消解前行的力量。可见，人不能仅有科学精神，而无人文精神。同样，如果只有人文精神没有科学精神，违背真理和规律，就会事与愿违、南辕北辙。真理原则和价值原则的统一要求我们必须坚持科学精神与人文精神的融合。

2. 真理原则与价值原则的辩证统一，是我们正确推进马克思主义教育的重要指引。马克思主义教育的根本目的是通过对马克思主义真理性和价值性的科学阐释和充分说明，努力使马克思主义信仰"归真"和"回值"，使人们在真理观与价值观相统一的基础上来认识、理解和信赖、信仰马克思主义。如果把马克思主义作为一种纯粹的科学理论知识来教育，把其逻辑化、工具化、实用化，以教条主义和实用主义的思维方式来理解它，这个"真理"将因为脱离生活而枯燥且不再可信。即马克思主义教育一旦离开学生需求，离开学生的情感和生活，离开对学生价值的关注，将因无法激起学生的兴趣而失去生命力。反之，如果把马克思主义只是当作一种信仰体系来进行教育，不关注其科学的世界观和方法论、不关注其对人类社会发展规律的真理性揭示、不关注其理性思维方式，就会陷入唯心主义和形而上学的思维陷阱与理论桎梏，用"终极化"的思维方式来看待和理解它，使马克思主义变成一种新的"宗教"，最终窒息其生命力。可见，推进马克思主义教育，也必须坚持真理原则和价值原则的统一。

真理和价值是人生的两翼，缺少任何一方面，人类都无法飞翔。要反对只强调科学精神的"工具主义"和只强调人文精神的"反智主义"，要将两者融通起来，共同助力个体和人类发展。

专题十五　价值评价及其特点

在人认识世界和自我的过程中，首先是判断对象的真与假，即围绕着"是什么""怎么产生的""为什么会如此"等知识性问题进行判断，探寻真理。但就像马克思、恩格斯所说"凡是有某种关系存在的地方，这种关系都是为我而存在的；动物不对什么东西发生'关系'，而且根本没有关系；对于动物来说，它对他物的关系不是作为关系存在的"①，"动物只是按照它所属的那个物种的尺度和需要来进行塑造，而人则懂得按照任何物种的尺度来进行生产，并且随时随地都能用内在固有的尺度来衡量对象；所以，人也按照美的规律来塑造物体"②，人对事物的判断不仅停留于事实本身，他还按照主体尺度、从应然角度去判断其他人、事、物对自己的意义，分析对象对主体"有没有价值""有什么价值""有多大价值"等，分析"应该如何""最好如何""我希望如何"，形成对客体的不同态度，如肯定或否定、喜欢或反感、恶或善等。前者是所谓事实判断或称之为知识性认识，后者是所谓价值判断或称之为评价性认识。两种认识活动的统一，决定了人不仅能"解释世界"，还会在探寻意义和实现更多满足的推动下"改造世界"，实现

---

① 中共中央马克思恩格斯列宁斯大林著作编译局. 马克思恩格斯文集：第 1 卷 ［M］. 北京：人民出版社，2009：533.

② 中共中央马克思恩格斯列宁斯大林著作编译局. 马克思恩格斯全集：第 42 卷 ［M］. 北京：人民出版社，2017：97.

价值。其中评价性认识就是价值评价，这一专题我们将围绕价值评价的意义、价值评价的特点、价值评价的标准三大问题展开。

一、价值评价的意义

价值评价或称评价性认识，是主体对客体的价值以及价值大小所作的评判或判断。价值评价是人的主体性和积极性的根本体现，是人确证自身存在，与他物构建积极关系，为自我选择提供依据的基础条件，贯穿人类认识的全过程。

1. 将自在世界变成自为世界，确认人的价值与意义。人是有意识、有目的的存在，人们认识对象世界，是为了找到人与世界之间的联系，确认两者的关系，为改造世界更好满足人的需要、促进人的发展服务。因此，人不可能离开主体、离开价值评价去认识世界和改造世界。人所有选择、判断、评估的重要标准都是看哪种选择、道路、事物对主体来说更有意义——即使在某些情况下有些人的选择似乎在牺牲自我利益，那也是因为主体认为死得其所，牺牲有意义、有价值，如为了建立祖国而牺牲的革命者。日常生活中更是如此，有人选择二人转，有人选择交响乐，仅仅是因为两者对不同主体需求满足的程度不同，主体对两者的价值评价不同，而不在于交响乐和二人转的音乐形式、艺术水准哪个更高。没有价值评价，人与"认识对象"就会割裂、对立，世界只能是自在世界，而不是属人世界，人的积极性和目的性就无法存在。

2. 确认不同事物的价值，为人的选择提供标准。价值评价具有强烈的主体性，但由于不是每个主体都能正确把握社会发展规律、正确评价客体价值，使得价值评价有契合与背离、正确和错误之分，直接影响人们的选择与社会发展。一个人如果认为金钱和权力最重要，就很容易形成拜金主义和拜权主义；一个人认为自身的利益最重要，就很容易形成个人主义；一个民族认为只有自己的民族才是优秀的、文明的，就很容易导致狭隘的民族主义；大多数民众认为，精英都是剥削和腐败的，就很容易形成民粹主义。可见，对事物的价值评价决定着人们的价值观，而价值观决定着是非、美丑、善恶和有用、无用的标准，决定我们会成为怎样的人——高尚的还是卑鄙的，积极的还是消极的，光明的还是黑暗的，也就决定着我们会成为怎样的群体和民族——开放的还是封闭的，包容的还是极端的，共赢的还是单边的。可见，价值评价关乎选择，决定道路和方向。要使个体和社会树立正确的价值观，首先要建立正确的价值评价及价值评价标准。

3. 正确的价值评价不仅会决定对价值的认识，还会决定对真理的态度，因为是否崇尚真理，取决于对真理的价值评价。苏格拉底说"美德即知识"，亚里士多德说"我爱吾师，吾更爱真理"，本身就是一种价值评价。反之詹姆士认为"有用的就是真理"，不少中国人认为真理不重要，善和美才重要，也是一种价值评价。可见，价值评价不仅会决定人们的价值观，还会决定真理观，或者说由于人是观察、认识世界的主体，只要和"观"有关的，都难以摆脱人从自身出发所产生的价值评价。只有正确的价值评价，才能正确处理真理尺度和价值尺度的关系，才能促进人们实践的完善。

二、价值评价的特点

价值评价也是一种认识，是评价性认识。这种认识与追求真理或探寻真相的知识性认识存在本质区别。一个馒头放在这里，知识性认识要解决的问题是这个馒头的原材料是什么，制作程序和方法是什么，其营养配比怎样；而评价性认识则只关注主体现在饿不饿、想不想吃、需不需要。再如 2015 年屠呦呦因发现青蒿素治疗疟疾的新疗法而获得诺贝尔生理医学奖。在这个事件中，其实有两种不同的认识活动，第一种是知识性认识，即青蒿素治疗疟疾的机理如何、如何提炼青蒿素；另一种是评价性认识，青蒿素治疗疟疾能挽救多少人的生命，能产生多大的社会效益。可见，知识性认识，以客体为认识对象，以客体的本来面貌为反映内容，其目的在于求"真"，把握事物发展的规律。而评价性认识以客体与主体之间的价值关系为认识对象，强调的是主体"应该怎样"，目的是求"善"、求"美"。价值评价的第一个特点是它不把客观事物当作认识对象而把事物与人的价值关系当作认识对象。

主体性是价值评价的根本特性，但价值评价并不能离开客体而存在，能否作出正确判断，取决于人们对客体的认识程度。正确的价值评价，只靠直观、感觉、喜爱程度是不够的，还要依赖相关的知识性认识。屠呦呦发现青蒿素治疗疟疾的新疗法，其价值能不能获得诺贝尔生理学或医学奖，要由专业的评委来评议，而不是公众投票，因为只有专业评委才具有相关知识；发展 5G 的价值到底如何，要不要大力发展；房地产对中国经济是利大于弊还是弊大于利，是应该刺激还是应该控制；特朗普主义给中国更多带来的是机遇还是挑战，我们对美国应该采取什么态度，都依赖于人们对相关知识的把握。当下网络暴力频发，一个重要原因在于有些网民在不了解事情真相或不具有相关专业知识的背景下，主观揣测、肆意评论、恶意攻击，导致大量评价违背事实、背离客观，带来消极影响。因此，价值评价的第二个特点是要以相关的知识性认识为基础。

日常生活中我们发现，饥饿的人眼中，馒头的价值大于钻石；男人的眼中口红没有价值，女人却视如珍宝；反之亦然，男人可能觉得玩游戏很快乐，女人却觉得那只是颓废的借口；中国的崛起被很多中亚国家看作是机会，但却被有些西方国家当作是威胁；当你穿上一条发旧带洞的牛仔裤觉得自己很潮很有范时，父母却认为那是流氓气息；同一部电影《战狼》，有人看得热血沸腾，认为展现了中国作为一个大国的气势和担当，有人却觉得影片剧情生硬，在做爱国营销。可见，价值具有主体性，价值评价受主体状态的影响，随主体特点而转移，这是价值评价的第三个特点。

三、价值评价的标准

价值评价随主体而改变，那是不是说对一个事物的价值评判就是"公说公有理""婆说婆有理"，价值评价有没有客观标准？这一问题可以从三个层面进行分析。一是对公共领域、公共事务的评价要符合公众利益、公共道德和伦理，要与最广大人民和人类整体利益相一致。二战时，日本大规模使用生化武器，对其本国而言增加了战争的胜算，日本人觉得其有价值，那这件事正确吗？美国执意退出《巴黎协定》，对其自身而言少了环境约束，有利于其经济产出，对美国发展有利，这应该提倡吗？美国为了自身利益，宣扬中国发展对世界造成威胁，把中国当作战略对手，大规模遏制中国，造成世界动荡不安，破坏人类发展生态，这种基于美国立场的价值评价正确吗？黑社会在大街上肆意砍杀，但对自己的老婆特别好，能认为他们是好人吗？当然都不对（不能）。因为上述例子都是将个体利益（立场）作为价值评价的唯一标准，将个人利益、本国利益置于公众利益、整体利益之上，损害了人类根本利益，违背了社会发展趋势，因此是错的。思考：如果价值评价没有整体标准，社会将会怎样？那时人类将会陷入对立、撕裂与冲突。搜索引擎为了利益做虚假广告，食品企业为了盈利使用有毒添加剂，新闻媒体为了博人眼球胡编乱造哗众取宠，娱乐行业为了收视率忽略版权到处抄袭。人人都将易粪相食，人人都会成为恶的源头以及恶的受害者。那时社会难以稳定、国家难以团结，价值和道德的相对主义、无政府主义泛滥，人类将陷入混乱与无序。可见，公共领域、公共空间的价值评价要以绝大多数人的利益为根本评价标准。二是在事实领域，价值评价要以人们的真理性认识为依据。价值评价更依赖于评价主体，但这绝不是说真理评价不重要，恰恰相反，不管是什么样的主体，他做出的评价都要以真理性的认识为基础，否则评价的结果一定是错误或扭曲的。如对中国的评价，既不依赖于美国政客的认知，也不依赖于世界媒体的报道，而取决于客观事实本身。中国的现实表现，决定了西方政客和媒体对我们的污名化、抹黑化和妖魔化的评价都是错误的。中国对中国人民、对人类都具有积极价值，这不以人的意志为转移。三是在纯个体和私人领域，在仅仅涉及个体需要和意义的领域，要为个体或多元价值评价留下空间。有人喜欢牛肉，有人喜欢臭豆腐，应该允许；有人喜欢篮球，有人喜欢乒乓球，也是合理；有人认为有了爱情人生就拥有价值，有人却认为"生命诚可贵，爱情价更高，若为自由故，两者皆可抛"，也应该尊重。可见，在个体和私人领域，我们要尊重个体进行价值评价的权利，要给个体评价留有空间，避免价值评价的单一化。我们既不能用个体超越集体，也不能用集体覆盖个体。

总体而言，能否推动历史进步、满足人民需要、实现人类整体利益，是价值评价是否正确的基本标准。

专题十六　为什么说社会存在决定社会意识

　　社会存在与社会意识的关系是人类历史观的基本问题。马克思主义第一次发现了社会存在决定社会意识，创立了唯物史观，破解了人类社会发展的历史之谜。社会存在如何决定社会意识，可从空间与时间两个维度进行探讨。

　　思考以下现象背后体现了中西社会意识的哪些差异？（1）为什么在中国的姓名体系中，是姓在前，名在后。而西方的姓名体系中却是名在前，姓在后？姓是家族标志，名是个体标识。中国人姓在前、名在后说明在中国人的意识里，家族、宗族的利益和荣誉最为重要；西方名在前、姓在后说明在西方人的心里，个体的存在和利益更为凸显。中西姓、名顺序的不同是中国社会意识强调集体，西方社会意识强调个体的一种反映。对此黑格尔曾有过，在东方文化中"只有当个人与这个实体合而为一，它才有真正的价值。但与实体合而为一时，个人就停止其为主体。与此相反，在希腊的宗教和基督教中，主体知道自身是自由的"① 的基本判断。（2）为什么中国的代表性建筑是四合院，西方的代表性建筑是教堂？我们的皇家建筑群——故宫就是扩大的四合院，而西方只要具有千年历史的城市，代表性建筑几乎全是教堂。教堂的顶端都

---

　　① ［德］黑格尔. 哲学史讲演录：第一卷［M］. 贺麟，王太庆，译. 北京：商务印书馆，1959：117.

有一个长长的指针刺向天穹，意味着西方人的信仰——上帝在天上，刺向天穹是为了更好地实现天人感应；中国的四合院有刺向天穹的吗？没有，都是低矮的平铺结构，说明我们的信仰不在天上而在人间，是人间的祖先、血缘，四合院的建筑群，就是为了使具有共同祖先、血缘的人能够共同生活。同时，中国传统乡村最宏伟的建筑一定是祠堂，祠堂就是供奉祖先的地方。可见，中西代表建筑的不同体现了中西信仰的不同，即中国人信仰祖先、血缘，西方人信仰宗教。中华文化的这种集体主义、世俗主义倾向是马克思主义能够实现中国化的重要基础。（3）为什么当中国强大时我们建立的是朝贡体系，西方国家强大时建立的却是殖民体系？关注历史可以发现，当中国强大时很少以武力去征服其他国家，而是强调自愿封贡、和平相处、德化天下，中国朝贡体系的基本特点是和。而西方国家不管是古罗马还是英帝国、美帝国强大时都以武力、战争去拓展殖民地、掠夺资源，西方殖民体系的基本特点是争。朝贡体系和殖民体系的背后是中国社会意识强调"和"，西方社会意识强调"争"的本质差异。（4）为什么在传统中国，人们遇到冤屈时总想着找"包青天"似的人物，期待"清官"和"明君"的出现？而西方人遇到冤屈时却往往找的是法院？它说明传统中国人更相信伦理与道德，西方人更依赖制度和法律。综上，我们发现中国传统社会意识强调和、强调集体、强调祖先、强调伦理；西方传统社会意识强调争、强调个体、强调上帝、强调法律。传统中西社会意识为什么会存在如此重大差异？其背后的根源是什么？恩格斯在《共产党宣言》1883年德文版序言中有过精彩回答，"每一历史时代的经济生产以及必然由此产生的社会结构，是该时代政治的和精神的历史的基础"[①]。传统中国，人们主要从事农业生产，农业依赖土地且带不走，大家就世世代代、祖祖辈

---

① 中共中央马克思恩格斯列宁斯大林著作编译局. 马克思恩格斯选集：第1卷［M］. 北京：人民出版社，2012：380.

辈生活在一起，当大家永久性地生活在一起后，传统中国就成为一个熟人社会。加上传统中国家庭的财富分配方式是平均分配——"我"有九亩土地，三个儿子，那就一人三亩。如此家庭和家族直接控制和影响着人们的资源和利益，中国人就很难脱离家庭、家族走向社会，熟人社会日益稳定。在稳定的熟人社会里，每个人面对的都是兄弟姐妹、叔叔伯伯、爷爷奶奶等，而熟人和亲人间必然更多强调集体利益、和谐思维、祖辈权威、亲缘关系。传统中国社会就形成了以家族和宗族为核心的集体主义、和谐文化、祖先崇拜、伦理取向。与中国不同，西方传统社会如古希腊主要从事的是商业贸易，商业贸易的开拓性决定了西方人面对的几乎都是陌生人。加上传统西方的家庭财富分配方式往往是单一长子继承制，即集中分配。其他孩子长大后，无法从父母那获取足够的生存资料就必然要脱离家族走向社会，流动就会成为西方陌生人社会的主要状态。流动的陌生人社会一旦形成，西方人就需要自己去面对、解决问题，在个体选择、个体负责、个体管理的情境下，个人主义思想日益发酵。与此同时，陌生社会里的人与人之间没有太多的情感基础、道德羁绊与人际关系约束，人们之间资源、利益的保障调配只能更多依赖法律和力量对比，斗争文化、契约传统慢慢形成。最后在对外贸易的过程中要跨越海洋、面对不可预测的气候以及完全陌生的环境，人内心的恐惧、孤独更加突出，通过信仰宗教和上帝克服恐惧的需要就自然出现。这样就形成了西方传统社会强调个人主义、斗争文化、宗教信仰、契约取向的社会意识。可见，中西社会意识的不同来源于中西不同的社会存在。正是在此意义上恩格斯说，"在历史上出现的一切社会关系和国家关系，一切宗教制度和法律制度，一切理论观念，只有理解了每一个与之相关的时代的物质生活条件，并从这些物质条件中被引申出来的时候，才能理解"①。社会存在决定社会意识的内容，社会意识是对社会存在的能动反映。

从时间角度，思考以下两个问题：第一，当代中国的集体主义和传统中国的集体主义有什么区别，原因何在？传统中国的小农生产方式，使得人们缺少国家和社会层面的互动交往，个体往往只关注老婆孩子热炕头和自家的一亩三分地，现代国家和民族意识难以孕育。因此，中国传统社会的集体主义往往是以家庭和家族为核心的小集体——如传统中国社会最核心的伦理价值是调整、维持家庭和家族关系的"孝"，结果是中国人在家庭和家族范围内可能是团结的，但在国家和民族层面呈现的却是一盘散沙。中国社会流行的"一个和尚挑水吃，两个和尚抬水吃，三个和尚没水吃"的故事就是这一现实的反映。对此孙中山先生早就指出过"中国虽四万万之众，实等于一盘散沙"，梁启超先生也说中国只有"乡民""村民"，没有国民。毛主席更是一针见血地说："日本敢于欺负我们，主要的原因在于中国民众的无组织状态。"② 但当代中国处于大生产时代、经济全球化时代，人们实践的范围和半径已经变成了民族、国家和世界，以国家和民族为核心的大集体逐渐成为当代中国人集体意识的核心，所以我们发现在新中国成立 70 周年之际，《我爱你中国》会成为这个民族和国家最激荡、最温暖的旋律。第二，近代以来中国人的文化心理发生了哪些变化，原因何在？简单讲从近代以来的文化自卑走向了当代的文化自信。近代以后的很长一段时间里，中国人曾经觉得自己的文化、文明哪哪都不行，批判和否定是我们文化的主要取向，如柏杨先生的《丑陋的中国人》，以及与此类似的《中国饮食文化批判》《中国人思维方式批判》《中国人教子方法批判》等。甚至有人提出中国要实现现代化就必须全盘西化——如胡适、陈序经等，还

---

① 中共中央马克思恩格斯列宁斯大林著作编译局. 马克思恩格斯选集：第 2 卷［M］. 北京：人民出版社，2012：8.

② 毛泽东. 毛泽东选集：第二卷［M］. 北京：人民出版社，1992：511.

有人认为中国要实现现代化，只能让西方国家对中国再殖民三百年，以用西方文明再造中国文明——如刘晓波。导致有些中国人一度认为西方的月亮真的比中国的圆，有人甚至想着找个外国人来改造自己的基因，中国人的文化自卑可见一斑。而今天，中国人对自己的文化无比自信，如十年前，中国电影票房榜的前十位还有一半是外国大片，现在则是国产片的天下，且电影票房榜第一位的《长津湖》、第二位的《战狼》都是主旋律大片；十年前一个人说话时中文中夹杂点英文我们觉得好洋气，现在觉得好装；十年前中国人还更多信赖外国品牌，十年后中国人对民族品牌的认同已接近80%。正像习近平总书记指出的："当今世界，要说哪个政党、哪个国家、哪个民族能够自信的话，那中国共产党、中华人民共和国、中华民族是最有理由自信的。"① 这一变化的根本是国家由衰弱到强盛，由世界边缘走向世界舞台中央，说明社会存在的变化决定社会意识的变化。

这一原理所带给我们的启示：（1）要真正理解社会意识，必须关注社会意识背后的社会存在，不能用文化解释文化，意识解释意识。如当今中国，有些人"拜金"思想比较严重，不能简单从认知和价值的角度去批判，而是要找出人们拜金背后的社会存在。这是因为，一是金钱在当代社会是一般等价物。这意味着拥有金钱就几乎拥有所有商品，就能满足几乎所有需求，过上自己"想"要的生活，金钱的魔力如此之大，人们自然就会拜金。所以在市场经济条件下，不仅中国人，世界人民多多少少都拜金。二是我们国家现在还处于社会主义初级阶段，生产力还不够发达，人们生存和发展的物质压力依然较大。在缺什么就想要什么的背景下，人们对金钱的渴求更为迫切。三是现阶段的中国，法律和制度还不够完善，金钱与法律、与人民权利之间的界限还比较容易

---

① 中共中央文献研究室. 习近平关于社会主义政治建设论述摘编［G］. 北京：中央文献出版社，2017：43.

被突破，金钱的作用被放大，人们拜金的冲动就更高。因此要想遏制拜金思想，必须大力发展生产力，完善法律和制度，切实保障人民的基本权利，把金钱限制在商品购买领域，使有钱也不能随意任性。而要想其彻底消失，可能要等到共产主义社会生产力高度发达、废除货币以后。从社会存在的角度去看社会意识，社会意识的问题才能得到真正厘清和解决。（2）社会意识由社会存在决定，不同国家的社会存在必然不同，决定了我们不能简单移入西方文明、价值或模式，不能走全盘西化或改旗易帜的邪路。历史实践告诉我们，外来思想、文明、模式只有中国化、本土化、民族化才能为我所用，助力我国发展。马克思主义、佛教都是如此。反之，用拿来主义的态度不加批评地直接吸收，往往会带来巨大灾难，王明的"左"倾教条主义就是深刻教训。为此，要增强文化发展的自觉与自信，反对全盘西化。（3）社会存在决定社会意识，意味着每个人的意识和整体社会意识都应随着社会的发展而更新，随着国家的现代化而现代化，要反对复古主义。否则就会导致脚步向前，眼光向后，然后不断感叹"不是我不明白，是这世界变化快"，最终思维僵化滞后，无法为中华民族的伟大复兴提供思想支撑。

　　社会存在决定社会意识，物质生活的生产方式制约着人们的精神生活，所有的社会意识，不管是合理的还是不合理的，正确的还是荒谬的，静态的还是动态的，其存在和发展的背后都有客观物质性因素。要坚持唯物史观，反对唯心史观。

专题十七 如何理解社会存在各要素的地位与作用

"正像达尔文发现有机界的发展规律一样，马克思发现了人类历史的发展规律"①，第一次明确"不是意识决定生活，而是生活决定意识"② 是马克思一生的两大理论发现之一，是马克思主义新世界观的根本体现。这里的生活就是指社会生活的物质方面——社会存在，主要包括自然地理环境、人口因素和物质资料及其生产方式。三者的内涵、地位、启示如何，我们一一展开探讨。

一、自然地理环境的作用与意义

自然地理环境不仅是人类生存和发展永恒的、必要的条件，是人们生活和生产的自然基础，还是人类要解决的首要矛盾、要处理的首要关系——人类第一个要解释、改造的对象是自然，人类生存发展的首要威胁也是自然。在早期，人类的力量相对弱小，自然不仅是人类直接获取资源的主要来源，且是对人类行为造成重大约束、为人类选择提供根本前提、引发人类各种瑰丽想象的主要客体。不同的自然地理环境塑造着不同的生产方式和生活方式，形成了不同群体和民族面对环境时独特的

---

① 中共中央马克思恩格斯列宁斯大林著作编译局. 马克思恩格斯文集：第3卷 [M].
北京：人民出版社，2009：601.
② 中共中央马克思恩格斯列宁斯大林著作编译局. 马克思恩格斯选集：第1卷 [M].
北京：人民出版社，2012：152.

刺激—反应模式，产生了不同的社会意识。民族文化是社会意识的集中体现，关注人类文化的发展历史可以发现自然地理环境对一个民族传统文化的产生和发展有着重大影响。

1. 地理环境对中华传统文化的影响。追问以下问题：（1）为什么中国是个强调血缘亲情的国家？在中国几千年的传统社会里，以血缘亲情为核心的"孝"文化，以"光耀门楣"为目标的价值追求，以血缘为纽带的人际关系一直是我们社会的重要特点。这是因为中华文明发源地的黄河中下游和长江中下游是亚热带和温带季风气候，且主要是平原，比较适合农业生产。农业的安土重迁性，决定了大家祖祖辈辈生活在一起，中国社会就自然形成了以家庭和家族为核心的生活单位和生产单位，家庭和家族靠血缘亲情联结的基本特点，使得血缘亲情伦理成为中华文化的底色。（2）为什么中国是一个具有统一文化基因，以追求统一为目标的国家？在分分合合的中华民族历史中，统一一直是主流，即使在分裂时期，实现大一统也是各方势力的努力方向，谁能统一祖国谁就是民族英雄，谁分裂国家、失去领土谁就是民族罪人，统一是中华文化的基因。这与中华文化起源于黄河和长江中下游平原地区紧密相连，这一地理环境使得各部落、各政权间易攻难守，兼并战争、民族融合更容易发生，大一统更容易出现，相应的文化也就慢慢建立；另一方面是因为黄河中下游和长江中下游在传统社会很容易发生洪涝——大禹几代治水的故事反映了这一点。面对如此巨大的自然灾害，单个部落、部落联盟无法有效应对，需要统一的政权和力量，大一统文化得以形成。（3）为什么中华文化强调和平？不少政客和学者观察西方历史，发现当西方国家强大时——不管是古罗马、西班牙、葡萄牙、英国还是美国，推行的都是霸权主义和殖民主义，从而认为新兴大国和守成大国之间必然会陷入"修昔底德陷阱"，并将其作为人类发展规律用来渲染"中国威胁论"，为遏制中国提供理论依据。这一"规律"并不符合中国的历史，历史上当中国强大时建立的是"朝贡体系"，强调以德服人、以文化人，较少侵略扩张。因为中国的地理环境三面环山、一面环海，对传统社会的人来说很难跨越和征服，人们较少有扩张动力，中华文化的内敛性格与和平取向得以形成。同时在平原和温带气候下的小农生产方式是自给自足的，不具有扩展侵略的内在冲动。可见，自然地理环境深刻影响了中国人集体意识的产生、形成和发展，也形塑着中华文化的特点与特色。

2. 地理环境对日本民族意识的影响。日本与中国一衣带水，且给我们带来了太多痛苦、屈辱和灾难，作为一个中国人应该对这个国家，特别是这个国家行为的深层逻辑即民族心理和文化有所了解。日本民族性的最大特点是两极性，可以形象地比喻为菊与刀或樱花与武士。樱花是日本国花，菊花是日本皇室花卉，给人的感觉都是烂漫的、温顺的、美好的，代表了日本文化谦逊、有礼、文明的一面；武士是日本主流文化的承载者，武士必配刀，代表了日本文化中的杀戮、血腥和掠夺。关注日本历史和现实，我们发现这种两极性在日本人的集体意识和行为中随处可见。二战时，在天皇宣布投降以前，日本军人可能是世界上最残忍、最血腥、最不易投降的群体之一，但当日本天皇宣布投降以后，所有日本军人却在第一时间放下武器、全体投降并欢迎美军进入日本。再如当下的日本一方面很现代、很开放、很西方化，色情业世界闻名、政治体制向西方看齐；另一方面又很传统，其家庭和职场的等级制依然森严。这种两极性与其地理环境紧密相关，日本是个岛国，多地震、火山、海啸等重大自然灾难，传统社会的人面对这些巨大灾难无能为力，只能屈服，形成了日本民族性中温顺、服从强权的特点。同时，日本是个山地国家，能耕种的土地少、人口多，资源紧张，要相互掠夺、不断侵略才能满足生存，杀戮、血腥、扩张就成了其民族特性的一部分。可见，日本民族性的部分密码也蕴含于其自然地理环境中。

3. 地理环境对韩国民族心理的影响。当代韩国人对中国人产生较大影响的可能是两件事，一是韩国总和中国争夺文明起源。韩国人说中药是韩国的,指南针是韩国的,端午节起源于韩国,风筝起源于韩国,甚至说孔子都是韩国的。二是韩国的全民整容风潮,使得很多中国人竞相模仿。这两件事共同体现了韩国文化和民族心理的内在底色是不自信。这与其地理位置有重大关联。长期以来,韩国一直被中国所笼罩,是中国的藩属国。近代中国衰弱了,韩国又被日本侵略、占领。日本撤离后又被美国接管、保护,其民族自信难以正常发展。这种深层自卑随着20世纪60年代至90年代韩国经济的快速崛起,表现为外在的狂妄和急于证明自我的敏感。可见,地理环境对韩国的社会意识也有重要影响。

其实,地理环境和文化、文明的关系,早就有学者关注并论述过。如黑格尔曾关注到气候条件不同的地区在历史上所起的作用是大不相同的,"在寒带和热带上,找不到世界历史民族的地盘","历史的真正舞台所以便是温带"①。梁启超先生也说:"地理与历史,最有密切之关系,是读史者所最当留意也。高原适于牧业,平原适于农业,海滨河渠适于商业。寒带之民,擅长战争;温带之民,能生文明。凡此皆地理历史之公例也。"②

明确了地理环境对社会意识的重要性,是否可以说地理环境是一个国家文化和发展的决定因素呢?不能。因为,第一,地理环境是死的,人是活的,人在地理环境面前有自我选择的能力,人不仅是自然环境的适应者,还是其改造者。如欧亚大草原形成的生产方式是游牧,澳大利亚、美洲大草原产生的却是狩猎;安第斯文明产生于高原,非洲高原却没有相类似的文明产生,这些都说明地理环境不是社会意识和民族文化产生、发展的决定因素。第二,随着人类不断发展,人的独立性和自主性日益增强,自然地理环境对人类的约束、影响日益减少。自然地理环境不好的日本是发达国家,自然地理环境很优越的中亚却相对贫穷。因

---

① [德] 黑格尔. 历史哲学 [M]. 王造时,译. 上海:上海书店出版社,1999:85-86.
② 梁启超. 饮冰室合集·文集:第6册 [G]. 北京:中华书局,1989:4.

此，既要明确地理环境的重要性，又要反对地理环境决定论。

二、人口因素的作用与意义

社会由人组成，一旦社会形成，如何处理人与人的关系，就成为人要面对的基本问题。人与人的关系如何，一取决于人口密度；二取决于人口结构；三取决于人口质量；四取决于人口文化。前三者都和社会存在范畴内的人口因素直接相关。

先看人口密度、人口结构对社会意识和社会发展的影响。西汉王充在《论衡》中曾有"让生于有余、争起于不足"的表述。认为人与人之间的争夺，在于人口太多，资源太少。中国人以前喜欢插队，喜欢挤、抢，与文明程度有一定关系，但更多是因为资源紧张，是担心正常状态下无法满足自己生存和发展的应激反应。我上初中时，每次下课都以最快速度冲向食堂、抢占位置，去晚了，就没饭吃了。今天，中国人均资源依然较少，人口与资源的关系依然较为紧张，入托、上学、就业、婚姻、医疗、住房都充满竞争，所以大多数中国人还比较焦虑。这也是改革开放之初中国为什么实行计划生育的重要原因。相反，人们之间相互谦让，更多是因为资源充足，早点晚点都有，不需要争，从而能够从容面对生活。今天的大学生下课后不再跑去食堂，中国人挤公交、插队的现象得到极大缓解就是例证。可见人口密度影响人的心理、选择和整个社会的生存状态。在此基础上，思考：英国经济学家马尔萨斯的人口理论对吗？其认为，在自然条件下，生活资料的增长（算术级）永远赶不上人口的增长（几何级），进而将人口的过快增长看作是造成人类失业、饥饿、贫困、战争的根本原因，强调用道德限制（包括晚婚和禁欲）、计划生育甚至战争手段来控制人口。从传统社会来看，其可能是对的，那时科技不发达，人们的避孕手段差、生育意识强，人口增长往往大于资源增长，饥饿成为人类传统社会难以根治的"癌"。但从当代社会看，其理论已有明显局限，一是科技的大规模运用使得生活资料开始呈几何级增长。在一个政治稳定，充分运用科技和知识的国家，人口再多，生存都不是问题。二是随着优生优育意识的增强和生养孩子成本的增加，人类开始主动避孕，且晚婚晚育、不婚不育日益普遍。对经济主要依靠科技推动和较高收入国家而言，面临的问题不是人口增长太快而是太慢，对中国来说也是如此。关注中国最近几年的人口数据可以发现，中国的人口出生率、结婚率，新生儿数量、适龄劳动人口数量连年下降，老龄人口的比例迅速增加，中国人口结构失衡的压力越来越大。为了应对这一挑战，保证中国经济和社会的成长、活力，国家继 2016 年放开二胎后，2021 年又允许并鼓励大家生育三胎，就是看到随着新的经济和社会发展阶段的到来，提升生育率和改善人口结构已成为我们新的工作重点，以前将人口看作负担的观念应该被抛弃。从世界范围看，谁拥有更多年轻人口，谁就拥有竞争优势。最近二十年，主要发达经济体中美国的平均经济增长速度是最快的，欧盟次之，日本最慢。一个重要原因是美国是个移民国家，且移入人口大都是高学历、高技术的年轻人。美国人口平均年龄在发达经济体中是最低的——38 岁（2020 年），经济成长就较快。反之，日本由于是个“非移民国家”，贫富差距较小，人均寿命较长，其平均年龄在发达经济体中是最高的——45 岁（2020 年），经济活力也就最差。从人口结构的另一层面上看，美国也有它的担忧，那就是再过十几年，美国的白人将成为少数族裔。数据显示：1960 年，白人占美国人口的 84.7%，2020 年，白人占比只有 57.8%[①]。而由于美国的少数族裔大多生活在社会底层，没有得到公正对待、缺乏社会保障，对美国现有的政治、经济、文化体制有诸多不满。随着少数族裔的增加，反对现有体制的力量不断增强，美国的种族和阶级矛盾将进一步激化，美国社会的稳定难以维持。可见，人口密度、人口结构极大影响一国的生存与发展。

---

① 美国白人占人口不到六成创历史新低［EB/OL］. 美国驻华大使馆微博，2021-08-31.

　　了解了人口结构后，再看一下中国民族结构对中华民族发展的影响。中国为什么能够较好地保持民族团结与稳定？因为汉族占总人口的92%，是绝大多数。少数民族的力量较为弱小，其中极端民族势力、极端分裂势力、极端宗教势力又是少数民族人口中的极少部分，这决定了"三股势力"要想分裂中国是痴心妄想。汉族占主体的民族结构是维护中华民族稳定的重要基石。反之，前社会主义国家南斯拉夫被分裂成6个（加上科索沃7个）国家，一个重要原因是其各民族的力量差不多，当某一或某几个民族不认可某一政权时，主体民族和中央政府没有绝对实力实现统一，国家就很容易在长期纷争中陷于分裂。

　　人口如此重要，那人口是社会意识和社会发展的决定因素吗？不是。一个社会、民族能养活多少人口，能否让每个人都人尽其才，能否形成人与人之间的合力更多取决于物质资料的生产及其生产方式。人口是社会文化和发展的关键因素，但不是决定因素。

三、物质资料生产方式的决定作用

　　马克思、恩格斯指出："这种历史观就在于：从直接生活的物质生产出发阐述现实的生产过程，把同这种生产方式相联系的、它所产生的交往形式即各个不同阶段上的市民社会理解为整个历史的基础，从市民社会作为国家的活动描述市民社会，同时从市民社会出发阐明意识的所有各种不同的理论产物和形式，如宗教、哲学、道德等等，并且追溯它们产生的过程。"① 劳动、实践或者更本质地说物质生产活动及生产方式不仅创造人和人类社会，还是影响和制约人类社会发展的决定力量。

　　1. 物质生产活动及生产方式是人类社会赖以生存和发展的基础，是人类其他一切活动的首要前提。物质生产活动是人的"第一个历史活

---

　　① 中共中央马克思恩格斯列宁斯大林著作编译局. 马克思恩格斯选集：第1卷 [M]. 北京：人民出版社，2012：171.

动"，是人类最基本的活动。这一方面是因为物质生产活动产生的物质资料能满足人的第一需要——生存。在第一需要满足的基础上，人类才会有其他历史活动并形成文明。管子说的"仓廪实而知礼节，衣食足而知荣辱"，马斯洛的需求层次理论，中国通过改革开放大力发展生产力为社会主义文明奠定基础都是其重要体现。另一方面是因为人在物质生产活动中，才能形成人与人的原初关系，结成社会，才能在改造自然的过程中不断完善和提升自己的思维能力、认识水平，才能更好地处理人与社会、人与思维的矛盾。就像马克思说的："任何一个民族，如果停止劳动，不用说一年，就是几个星期，也要灭亡，这是每一个小孩子都知道的。"①

2. 物质生产活动及生产方式决定社会的基本结构、性质和面貌，制约着人们的经济生活、政治生活和精神生活等全部社会生活。农业的分散经营决定了中国的传统社会往往是一盘散沙，工业的集中生产使得工人阶级更容易被组织。农业生产的安土重迁，决定了传统中国人祖祖辈辈、世世代代生活在同一地方，形成熟人社会，熟人间的道德血缘连结，使得以德治国成为主体；大生产时代，人们自由迁徙，陌生社会形成，陌生人之间要更多依赖制度与法律进行调节，依法治国成为基本要求。农业耕作的劳累性，使得男性比女性更有优势，男权社会得以建立；知识经济时代，男女在财富获取的能力上更趋一致，男女平等成为趋势。传统社会土地不可转移且是最重要的生产资料，使得没有土地的人对拥有土地的人形成人身依附，等级制产生；现代社会，人们自由流动，控制难以形成，平等更容易孕育。物质生产活动及其生产方式决定社会的状态和人的精神面貌。

3. 物质生产活动及生产方式的变化发展决定整个社会历史的变化发展，决定社会形态从低级向高级的更替和发展。原始社会后期生产不

---

① 中共中央马克思恩格斯列宁斯大林著作编译局. 马克思恩格斯文集：第10卷［M］. 北京：人民出版社，2009：289.

124

断扩大，出现剩余财富，有一部分人为了占有剩余财富，建立武装、军队、监狱等国家机器，成为统治阶级，奴隶社会形成；奴隶社会后期生产工具改进，铁器取代青铜器，人们从土地获取的财富大大增加，统治阶级不再以直接占有奴隶为主要目的，而是以占有、开拓土地为最终追求，如此奴隶成为农民，奴隶主成为地主，社会结构和阶级关系改变，封建社会形成；封建社会末期大机器出现，兴办工业比占有土地可以获取更多利润，成为工人比耕种土地可以更好维持生活，农民慢慢变成雇佣工人，地主一部分破产一部分成为资本家，资本主义生产关系取代封建生产关系，资本主义诞生。物质资料的生产及其生产方式决定了社会形态的更替和人类历史的发展趋势。

四、这一原理的方法论启示

1. 自然地理环境和人口因素，是影响人与自然关系和人与社会关系的重要因素。在观察社会时，要有自然地理环境和人口意识，要学会从地理环境和人口因素角度去分析社会的生产方式、生活方式和思维方式。

2. 要坚决反对地理环境和人口决定论。无论是地理环境还是人口因素，都不能脱离社会生产而发生作用，都不能决定社会性质和人类社会形态的更替。决定历史发展的是物质资料的生产及其生产方式。

3. 坚持历史发展是社会合力的基本结论。人类历史的发展从"归根到底"的角度讲，是由物质生产活动及生产方式决定的。但从具体阶段看，往往是由自然地理环境、人口因素、物质生产方式、社会意识、社会制度等要素综合作用的结果，反对单一决定论和机械决定论。

马克思主义唯物史观从实践中的社会存在出发，揭示了隐藏在人们思想动机背后的物质原因，科学解决了社会存在和社会意识的关系问题。理解社会存在各要素的内涵及作用，是把握科学世界观的重要切入点。

专题十八　社会意识的相对独立性

唯物史观认为，社会存在决定社会意识，社会意识的产生根源于社会存在，社会意识的变化由社会存在的变化引起，社会意识的实现取决于社会的物质生活条件。正像马克思所言："道德、宗教、形而上学和其他意识形态，以及与它们相适应的意识形式便不再保留独立性的外观了。它们没有历史，没有发展，而发展着自己的物质生产和物质交往的人们，在改变自己的这个现实的同时也改变着自己的思维和思维的产物。"① 那能说有什么社会存在就有什么社会意识或说社会存在比社会意识更重要吗？不能。因为社会意识还有自己特有的发展形式和规律，有自己的独立性。

一、社会意识相对独立性的表现

1. 社会意识的发展同社会存在之间具有不平衡性、不同步性。社会意识是对社会存在的反映，并随社会存在的变化而变化。但是，这种变化并不是如影随形或完全同步进行的，而是或快或慢地与社会存在的发展变化保持着动态的对应。社会意识有时落后于社会存在的变化并阻碍其发展，有时又走在社会存在的前面，预见未来的发展趋势，推动社

---

① 中共中央马克思恩格斯列宁斯大林著作编译局. 马克思恩格斯选集：第 1 卷［M］. 北京：人民出版社，2012：152.

会的发展。如 19 世纪的德国，资本主义刚刚萌芽，对于已经完成工业化和资产阶级革命的英国和法国来说，其生产力或社会物质生活条件相对落后，但 19 世纪的德国却诞生了如康德、黑格尔、费尔巴哈、歌德、马克思、恩格斯等一大批伟大的哲学家，哲学成就整体超越了当时的英国和法国，照耀千古。中国历史在某些阶段也呈现这一特点。在中国传统社会，有四个时期的文化（社会意识的集中体现）发展较为繁荣：（1）春秋战国。中华文明的核心概念、核心命题和基本架构、方向特质都是在这一时期创建和发展的。这一时期的百家争鸣形成了中华民族最独特的文化符号、文化表达和文化脉络。（2）魏晋南北朝。这一时期，佛教引入并慢慢融入中华文明，使得中华文化在超越性、逻辑性、系统性等方面得以完善、丰富；同时，中国的文人士子从现实的实用中抽离出来，沉醉于思辨，痴迷于形而上学和本体论问题，发展了中国自己的逻辑学，这一逻辑理性为中国道教的兴盛、科技的发展奠定了基础；也是在这一时期，中国的文人士子更加注重个人志趣、爱好，亲近自然、蔑视世俗，提出了"越名教而任自然"的口号，大大促进了个性觉醒，山水画得以兴起。这些都极大丰富了中华文化的向度与内涵。（3）唐代。唐代由于国家的强盛和开放，中、外文化以及中国各民族文化交流交融、相互激荡、共同发展，中华文化成为区域性文化和世界性文化，中华文化的影响力、生命力和魅力前所未有。从主流思想看，唐朝也是中国儒学实现复兴的重要转折点，并进一步促进了儒释道三者的融合。（4）宋代。宋代虽然在军事上比较屈辱，但确是中国古代经济和文化发展的一个重要高峰。宋代的理学、文学、史学、艺术以及科学技术硕果累累；二程、朱熹、欧阳修、苏轼、司马光及沈括等优秀人物享誉千古；活字印刷、指南针及火药的发明和应用，为人类作出了杰出贡献；宋词和唐诗一起为中国人提供了重要审美和精神上的诗意。而关注上述四个时期，我们发现春秋战国、魏晋南北朝是政治和军事的乱世，但文化却很兴盛，说明社会存在和社会意识的发展并不完全同步。

再如在抗日战争时期，延安在经济上是困难的、窘迫的，但却有四万多知识分子从国统区奔赴这里，并实现了新文化运动以来最伟大的一场文化革命——革命文化的完成，文学、文化从表达个体审美、意志、认知转变为武装工农、促进人民觉醒、为革命和民族服务。这也是社会存在和社会意识不平衡的体现。

思考：为什么社会意识有时落后社会存在，有时又超越社会存在？社会意识有时落后于社会存在，主要是因为：一是社会意识作为社会存在的反映，往往会滞后于社会存在。社会存在变了，社会意识不可能立即发生变化。二是社会意识一经产生，就具有相对独立性和稳定性。列宁曾说："千百万人头脑当中的习惯势力是最可怕的势力。"① 三是反动统治阶级有目的、有意识地宣传落后的东西，也使得落后思想影响不易消除（如《商君书》中有驭民五术：弱民、贫民、疲民、辱民、愚民）。而社会意识之所以有时能够超越社会存在的现有状态，走在时代前面，是因为社会意识对社会存在的反映是创造性、能动性的，它能够对现实事物、经验进行抽象、概括、总结，把握事物发展的规律与趋势，为人类行为提供预见与指引。如马克思主义预见了资本主义的未来，毛泽东预见了抗日战争的胜利必将属于中国等。

社会意识与社会存在具有不平衡性，但不能就此得出社会存在与社会意识永远分离。从长远来看两者往往是一致的，因为旧的社会意识不可能在它的物质基础消灭以后长久地存在下去，新的社会意识在社会存在具备提出新任务的条件时也会产生。

2. 社会意识各种形式之间相互影响、相互作用。社会意识不仅受社会存在的影响和决定，还受其他社会意识的制约和作用。如魏晋玄学、宋明理学来自儒释道三者的相互影响、相互融合；教育的本质，就

---

① 中共中央马克思恩格斯列宁斯大林著作编译局. 列宁选集：第四卷 [M]. 北京：人民出版社，1972：200-201.

是通过思想影响思想，通过思想改造思想；我们每个人对世界的认知，不仅受个体物质条件和生存环境的制约，还深受他人思想的熏染（亲人、同学、室友、领导等）。正是看到了思想本身的力量，所以中国共产党一直以来都高度重视教育、宣传、思想、精神的价值与意义，不断强调思想建党、理论强党。

3. 社会意识的发展具有历史继承性。每一时代的社会意识都有两个来源：一是该时代的社会存在；二是人类文明发展的思想成果。这决定了任何时代的社会意识，都和以前时代的社会意识相联系，也必然保留和继承着前人的思想成果。马克思主义唯物史观的"历史"，不仅指具体的、感性的历史过程、历史实践、历史生活，还包括"历史文明"。就像马克思指出的："人民自己创造自己的历史，但是他们并不是随心所欲地创造，并不是在他们自己所选定的条件下创造，而是在直接碰到的、既定的、从过去继承下来的条件下创造。"① 正是因为"历史"是人的意识的先在条件，是人的意识的重要组成部分，是不同文化传统及民族特点形成的基础，所以要尊重历史，要旗帜鲜明地反对历史虚无主义。因为历史虚无主义试图斩断人与历史的联系，使人和社会成为"主观、抽象、虚假的人与社会"，让人不知从哪来、现在何处、将到哪去。为此习近平总书记多次强调我们要不忘本来，才能面向未来。同时，人的意识要与时俱进，对一些历史遗留的糟粕，要通过创新性发展、创造性转化来促进其更新发展，反对复古主义。党的二十大报告强调要不断推进马克思主义中国化时代化就是这一认知的体现。

4. 社会意识对社会存在具有能动的反作用。社会存在对社会意识的反作用，既有深浅之别，又有性质之分。社会意识的反作用有两种性质：先进的社会意识正确地反映社会发展的客观规律，对社会发展起积

---

① 中共中央马克思恩格斯列宁斯大林著作编译局. 马克思恩格斯选集：第1卷［M］. 北京：人民出版社，2012：669.

极的推动作用，促进社会进步。落后的或反动的社会意识背离社会发展规律和要求，对社会的发展起阻碍作用，延缓社会历史进程。思考：支撑中国改革开放取得巨大成功的意识因素是什么？是真理标准问题的大讨论带来的思想解放。十一届三中全会是我国改革开放的转折点，但十一届三中全会的成功离不开之前开展的"关于真理标准问题的大讨论"带来的思想解放，正是关于真理标准问题的大讨论使得许多人从"两个凡是"和对社会主义的僵化理解中挣脱了出来，改革的压力和阻力被消解，十一届三中全会才能拨乱反正和以经济建设为中心，改革开放才能顺利推进。同样，1992 年邓小平同志南方谈话后，中国经济能够迎来另一次腾飞和另一个春天，也是因为在这次讲话中其明确了社会主义不等于计划经济、资本主义不等于市场经济，社会主义也可以搞市场经济的基本思想。再如资本主义工业革命能够发生的前提是文艺复兴和启蒙运动的开展，正是通过文艺复兴和启蒙运动使得人们摆脱了神本，建立了人本，为资产阶级的世俗化诉求提供了合理性与合法性支撑。可见，中西发展历史都告诉我们，先进的社会意识是促进社会发展的重要力量，也是不可或缺的力量。反之，当前"美国优先""美国例外""美国是救世主"的单边思维、双重标准和霸权主义为世界带来的动荡，二战期间法西斯主义对世界的伤害，都说明落后的、消极的社会意识会阻碍社会的发展。

社会意识对社会存在的反作用，必须通过人民群众的实践来实现。马克思说："批判的武器当然不能代替武器的批判，物质力量只能用物质力量来摧毁。但是理论一经掌握群众，也会变成物质力量。理论只要说服人，就能掌握群众；而理论只要彻底，就能说服人。"① 这是对社会意识反作用与群众实践活动关系的极好说明。理论被群众所掌握，指

---

① 中共中央马克思恩格斯列宁斯大林著作编译局. 马克思恩格斯选集：第 1 卷 [M].
北京：人民出版社，2012：9-10.

导群众实践，就会成为改造世界、推进社会前进的巨大力量。新时代中国特色社会主义思想世界观和方法论中的第一条，坚持人民至上就是这一理论的体现。

社会意识不仅具有自己的特点且会反作用于社会存在，是社会意识相对独立性的突出表现。

二、社会意识相对独立性的方法论意义

第一，尊重社会意识的相对独立性，反对机械决定论。忽视社会意识的相对独立性，否定人的主观性、能动性和主体性，认为社会存在对社会意识的决定是单一的、机械的，就会窒息思想、意识、理论本身的价值，导致庸俗决定论和机械决定论。庸俗决定论和机械决定论的进一步发展，又会产生经济决定论，形成拜物教，使人被物所统治。因此要反对西方某些国家认为经济相对落后的国家都是野蛮的、荒芜的、落后的，只有发达资本主义国家才是先进的、文明的等错误观点；也要反对某些人认为只有富人、精英、统治者才有理性、独立意识，无产阶级、底层百姓都是愚昧的和盲目的等错误认识。意识的独立性是人的价值性、独特性的根本体现，也是人类实现自身解放的条件和基础。

第二，明确社会存在对社会意识的根源性价值，反对唯心史观。社会意识具有自己的相对独立性，但其不能真正脱离社会存在而存在。任何一种社会意识，不管是先进的还是落后的，个体的还是集体的，现在的还是过去的，都产生于一定的社会条件下，都受社会存在的制约。如美国特朗普的孤立主义、民族主义之所以有市场，是因为在全球化的发展过程中，美国作为发达国家，输出的主要是技术和资本，输入的主要是商品和劳动力，导致一部分普通劳工和底层民众的利益遭受了相对剥夺，所以他们支持特朗普反全球化。因此，不能脱离社会存在理解社会意识，那样容易犯唯心主义错误，也难以把握事情的本质。

第三，大力发展社会主义先进文化，培育先进社会意识。先进文化是有效解决人类社会生存和发展矛盾的精神武器，是促进社会发展的重要动力。我们既要明确社会存在对社会意识的决定性作用，大力发展生产力，为社会主义先进文化的发展提供基础条件。如中国文化要走出去、走得更远，离不开国家的强大与复兴。同时，又要尊重文化自身规律，坚持"百花齐放、百家争鸣"的双百方针，为文化发展提供健康土壤和宽松环境。如此社会主义先进文化才能培育，社会主义文化自信才能建立，文化自信基础上的道路、理论和制度自信才能稳定、持久。

完整理解社会存在对社会意识的决定作用以及社会意识的相对独立性，是理解人类社会本质以及人类社会发展动力和运行规律的基本要求。

专题十九　社会基本矛盾之生产力与生产关系

　　基本矛盾指贯穿事物发展过程始终，制约其他矛盾的存在和发展，规定事物过程的基本性质和趋势，并对事物发展起根本推动作用的矛盾。如何理解这一内涵及其意义？我们从实践和理论两个维度来回答。（1）从感性实践层面看。思考：人一生要想幸福，关键是要解决什么矛盾？为此要找到制约人幸福的一以贯之的核心要素。我们发现欲望无限和能力有限之间的矛盾是人一生都无法解决的矛盾。且人是否幸福，关键就在于能否让自己的能力匹配自己的欲望，找到两者的平衡，能匹配就快乐，不匹配就痛苦。这一矛盾贯穿始终且起决定作用，我们就把这一对矛盾称之为我们人生的基本矛盾。以此类推，一国、一社会要长远发展、保持稳定，其面对的基本矛盾就是人民需求的无限性和社会生产的有限性之间的矛盾。人们的需求无限，而某一阶段的社会生产、社会供给有限，两者的矛盾永远存在。社会健康稳定的关键在于某一阶段的生产能否满足人民的基本需要。而要满足人民的基本需要，就要大力发展生产力。要发展生产力，则必须处理好生产力与生产关系、经济基础与上层建筑之间的矛盾。因此，马克思主义将生产力和生产关系、经济基础和上层建筑之间的交互作用称之为社会的基本矛盾，这两者间的矛盾运动构成了人类社会由低级到高级发展的根本动力，也是实现社会目标、保持社会稳定的关键和永恒课题。（2）从马克思主义理论的建立、发展看，马克思正是从人类社会的基本矛盾出发，创立了唯物史观，第一次破解了人类社会发展的"历史之谜"，揭示了人类社会发展的规律（生产关系一定要适合生产力发展要求，上层建筑一定要适合经济基础状况）。然后用这一基本规律分析资本主义社会，发现资本主义的生产力与生产关系、经济基础与上层建筑之间的矛盾是对抗性、全局性和根本性的，其自身无法克服，明确资本主义必然灭亡、社会主义必然胜利，建立了科学社会主义。可见，社会基本矛盾是唯物史观的理论支柱，是把握马克思主义学说精髓的关键。

在社会基本矛盾体系中，生产力和生产关系的矛盾是更为基本的矛盾，它决定经济基础和上层建筑矛盾的产生和发展。正是从这个意义上说，"一切历史冲突，都跟源于生产力和交往形式之间的矛盾"①。那什么是生产力和生产关系？它们各自的价值和意义何在？生产力与生产关系交互运动的深层逻辑是什么？我们一一探讨。

一、生产力和生产关系的基本内涵及其价值

1. 生产力。生产力是指人类在生产实践中形成的改造和影响自然以使其适合社会需要的物质力量。简单讲生产力是人类获取或生产物质力量的能力。这个能力包括水平和性质两部分。其中水平主要指形式上的速度和规模等。比如马克思、恩格斯在《共产党宣言》中指出，"资产阶级在它的不到一百年的阶级统治中所创造的生产力，比过去一切世代创造的全部生产力还要多，还要大"②，说明资本主义的生产力发展很快、水平很高，超过了以前所有的阶级社会。2021 年中国的 GDP 规模大概是美国的 77%，说明美国在 2021 年的生产力水平依然比我们高。

---

① 中共中央马克思恩格斯列宁斯大林著作编译局. 马克思恩格斯文集：第 1 卷 [M]. 北京：人民出版社，2009：115.

② 中共中央马克思恩格斯列宁斯大林著作编译局. 马克思恩格斯文集：第 2 卷 [M]. 北京：人民出版社，2009：36.

生产力性质是指生产力的内在结构、质量以及生产力的发展方向、服务对象等，是更基本、更重要的衡量因素。据专家估计，1840年中国的经济总量依然是世界第一，约占世界经济总量的三分之一，说明我们在生产力规模上依然是最大的。但面对生产力规模比我们更小的英、法、荷等国家侵略时，我们却不堪一击。根本原因是那时的中国和资本帝国主义在生产力的质量和结构上有代差。我们生产力的内容是"漫山遍野的大豆高粱"，而资本帝国主义生产力的内容是"钢铁水泥和大炮"，农业生产力无法与工业生产力相抗衡，因此近代中国屡战屡败。关注近代世界的发展，我们会发现，资本主义工业国家（力量）征服农业及以前社会形态的国家（力量）在世界近代史上频繁上演。如也是地域和人口大国的印度，在1849年就完全沦为了英国的殖民地。在16世纪的南美，现在的秘鲁、厄瓜多尔地区有一个拥有600万人口、8万军队的印加帝国，但征服它的力量是西班牙殖民者皮萨罗率领的168人。同样是西班牙人科尔特斯只用600人就征服了大约1500万人口的阿兹特克帝国（现在的墨西哥）。近代中国和世界的历史告诉我们，生产力的性质决定国家命运。用此角度看今天的中美关系，我们就能理解为什么今天美国对中国的发展强大担忧恐惧，因为我们不仅在生产力的规模上达到了其70%以上，更重要的是我们生产力的质量、结构与其没有本质差别（两者在发展目的上存在根本区别，中国作为社会主义国家，发展生产力的目的是为了让全体人民共享发展成果，实现共同富裕——中国脱贫攻坚战的胜利和全面小康社会的建成有力证明了这一点。而资本主义发展生产力的目的是要满足资本家的需要，实现少数人对多数人的剥削）。2021年中国的工业产值已是美国的190%，世界五百强企业数也已稳居世界第一，从生产力的质量看，中国的发展是真正的强大，是会改变世界格局的力量。不仅国家之间的竞争由生产力决定，家庭成员之间的地位、关系也是如此。当今世界总体上依然是一个男权社会，重要原因之一是女性由于其生理特点和历史赋予的社会角色，承担了更多家务和哺育孩子的任务，而家务和哺育孩子不是直接的物质生产，没有直接货币化或说没有直接转化为生产力，导致女性在直接创造财富的能力上不如男性，所以男性在家庭和社会层面总体依然居于主导地位，男权社会依然存在。随着女性更加全面充分地参与社会、参加工作，男权社会必将逐渐削弱。可见，大至国家民族，小至个人家庭，生产力都从根本上决定着事物的地位和作用。

2. 生产关系。生产关系是指人们在物质生产过程中形成的不以人的意志为转移的经济关系，经济关系的本质是物质利益关系。物质利益关系往往由什么决定呢？从经济结构看，是由生产力决定的。即谁生产、创造物质财富的能力强，谁拥有的物质利益就多，谁就能在人与人的经济关系中占据主导。从生产关系的内在构成看，生产关系包括生产资料的所有制关系、产品分配关系和生产中人与人的关系。在这三大关系中，最基本的是生产资料所有制关系，其直接决定产品和财富的分配（公有即财富共享，私有即私人独占），财富分配直接影响人们的经济地位，经济地位影响决定社会地位和政治地位，进而决定人与人的关系。如几乎所有资本主义国家的宪法都宣布人人平等，但私有制导致贫富分化和经济不平等，而经济的不平等使得政治、社会和文化上的平等必然无法实现。如富人上好的私立学校，穷人上差的公立学校；富人出行走 VIP 通道，穷人只能排队等候。可见，生产资料所有制是生产关系的核心，正像马克思指出的，"私有制不是一种简单的关系，也绝不是什么抽象概念或原理，而是资产阶级生产关系的总和。"① 生产资料所有制直接反映和决定的是物质利益的分配和占有关系，从这个意义上说，生产关系的核心是由物质利益的分配与占有而产生的经济关系。这一点极为重要，思考：为什么当前中国社会的不婚率和离婚率都在攀

---

① 中共中央马克思恩格斯列宁斯大林著作编译局. 马克思恩格斯全集：第 4 卷 [M].
北京：人民出版社，1972：352.

升？它意味着人们越来越不幸福吗？不婚率、离婚率的高低与幸福不幸福没有根本关系，但跟女性占有物质财富的多少紧密相连。传统社会见一面就结婚、结了婚就是一辈子，能说传统女性都很幸福吗？当然不能。更多是因为传统女性既没有生产力（自己不参加工作或不直接参加生产），也不占有生产关系（那时没有夫妻财产共有概念，女性不能占有家庭或家族财富），缺少独立的生活能力，即使委屈、痛苦、不满也只能凑合。今天则大不相同，一方面更多的女性参加工作，女性生产和创造的财富增多，生产力水平提升；另一方面女性在当代中国家庭中所掌握的财权越来越多。据统计，中国75%的家庭是女性在掌握财权且我们的法律明确女性与男性共有婚后家庭财产，即女性在生产关系上的地位不断提升。在生产力和生产关系上的双向进步，使得女性对男性的依附减少，客观上造就了现代女性——特别是职场女性，会秉持过得好就过，过不好就离或两个人更快乐就结婚，不快乐就不结婚，不过多将就、委屈的人生态度，结果就是单身的越来越多，离婚率也越来越高（当然也会带来消极影响，那就是男女日益自我，很难相互妥协，使得恋爱、婚姻关系极其脆弱）。生产关系不仅支配着家庭关系，也影响着政治关系，列宁说"政治是经济的集中表现"。在今天的国际关系中，国与国之间没有永远的朋友，也没有永远的敌人，只有永远的利益。历史上的阶级斗争，如农民反抗地主、工人反抗资本家，很多时候不是为了获得政权，而是为了使自己吃饱饭、多拿点工资，维护自身的经济利益。即使要夺取政权，最终目的也是为了通过政权来保障统治阶级的财产和物质利益，可见，生产关系制约着政治关系。宗教关系也深受生产关系的影响。人类早期信仰的往往是自然神和图腾崇拜，因为那时自然是人类生存和发展的最大压迫。后来产生的人神崇拜、现代宗教，源于社会压迫变成了最大压迫。社会压迫的根本是物质压迫，没有物质压迫就没有现代宗教，对此列宁指出："'恐惧创造神'。现代宗教的根源就是对资本的捉摸不定的力量的恐惧，而这种力量确实是捉摸不定的，因为人民群众不能预见到它，它使无产者和小业主在生活中随时随地都可能遭到，而且正在遭到'突如其来的''出人意料的''偶然发生的'破产和毁灭，使他们变成乞丐，变成穷光蛋，变成娼妓，甚至活活饿死。"① 综上，生产关系决定家庭关系、政治关系和宗教关系，是一切社会关系中最基本的关系。

二、生产力和生产关系的辩证关系

生产力和生产关系的辩证关系概括讲就是生产力决定生产关系，生产关系反作用于生产力。

第一，生产力决定生产关系。主要表现在：（1）生产力的状况决定生产关系的性质。生产力的性质、水平和发展要求，是生产关系形成的基本前提和物质基础。一定的生产关系是为适应一定生产力的状况而建立起来的，有什么样的生产力，就会有什么样的生产关系。正如马克思所说："手推磨产生的是封建主的社会，蒸汽磨产生的是工业资本家的社会。"② 封建社会过渡到资本主义社会，是因为封建社会末期出现了新的工具和大机器（生产工具是生产力的重要标志），财富的生产方式发生变化，地主发现最挣钱的不是收地租，而是开工厂，就会逐步变为资本家；农民发现种地不如做工挣钱多，就会脱离土地进入工厂，变成工人。这样一来封建社会的地主土地私有制就变成了资本主义社会雇佣劳动下的生产关系。（2）生产力的发展决定生产关系的变革。马克思说："为了不致失掉文明的果实，人们在他们的交往方式不再适合于既得的生产力时，就不得不改变他们继承下来的一切社会形式。"③ 一

① 中共中央马克思恩格斯列宁斯大林著作编译局. 列宁选集：第2卷［M］. 北京：人民出版社，1995：250—251.
② 中共中央马克思恩格斯列宁斯大林著作编译局. 马克思恩格斯选集：第1卷［M］. 北京：人民出版社，2012：222.
③ 中共中央马克思恩格斯列宁斯大林著作编译局. 马克思恩格斯选集：第4卷［M］. 北京：人民出版社，2012：409.

种生产关系的消灭，另一种生产关系的产生，都是以生产力发展的一定尺度为基础的。一种生产关系，当它还能使生产力以较快的速度发展时，是不会灭亡的；一种新的生产关系在没有具备一定程度的生产力发展水平以前，是建立不起来的，即使在某种情况下建立起来了，也是不巩固的。如我国的生产关系从计划经济时代的单一公有制发展为现在的以公有制为主体、多种所有制经济共同发展就是适应生产力的必然要求。允许多种所有制经济共同发展，会带来一定的剥削和贫富分化，这不是社会主义的理想、追求，但在社会主义初级阶段，不发展多种所有制，不能更好地促进生产力的发展，就会陷于共同贫困，就不能体现社会主义的优越性。为了适应生产力，就不得不调整我们的生产关系。可见，生产力决定着生产关系的变革。

第二，生产关系对生产力具有能动的反作用。在生产力与生产关系的矛盾中，生产关系对生产力并不是消极地适应，它作为生产力现实化的必要形式，对生产力的发展具有能动的反作用。表现为两种情况：（1）当生产关系适应生产力发展的客观要求时，就会促进生产力的发展。如家庭联产承包责任制的推行，多种所有制经济的共同发展，都是通过调整生产关系，促进了生产力的快速发展。（2）当生产关系不适合生产力发展要求时，就会阻碍生产力的发展。如曾经存在的平均分配，当前贫富差距过大导致的消费不足都阻碍了生产力的发展。结合这一分析，思考：为什么中国的封建社会那么成熟发达，但没有率先进入资本主义社会？一个重要原因是中国传统家庭在财富上实行的是平均分配。如一个家庭9亩地，3个儿子，那就一人3亩；每个儿子再各生3个儿子，就变成了一人1亩。以此类推，地越分越小，资本主义发展所需的规模经济、资本积累无法完成，资本主义在中国的发展就较为缓慢。

生产力和生产关系的相互作用及其矛盾运动，揭示了生产力和生产关系之间内在的、本质的、必然的联系，即生产关系一定要适合生产力状况的规律。这一规律是人类社会发展的基本规律，它贯穿于人类社会发展的全过程，在社会发展的各个历史阶段上都毫无例外地发生着作用，是社会发展的普遍规律。有什么样的生产力，客观上就要求什么样的生产关系与之相适应，不能离开生产力的状况，主观随意地建立超越历史阶段的生产关系，或盲目固守陈旧落后的生产关系。某种生产关系是否应该变革、如何变革，归根结底取决于生产力的客观要求，而不是由人们的主观意志，违背这一规律，就会受到历史的惩罚。

专题二十　深刻理解把握意识形态的
本质及意义

习近平总书记在 2013 年全国宣传思想工作会议上强调"意识形态工作是党的一项极端重要的工作","能否做好意识形态工作,事关党的前途命运,事关国家长治久安,事关民族凝聚力和向心力"①。党的二十大报告进一步强调"意识形态工作是为国立心、为民族立魂的工作"。日常生活中,我们的思政教育、新闻宣传、党内培训本质都是为了传播和宣传意识形态,可见意识形态无处不在。那什么是意识形态?为什么说意识形态工作极端重要?当前我国意识形态工作所面临的主要挑战有哪些?我们应该怎么做?

一、什么是意识形态

今天不少人对意识形态有误解,认为强调意识形态就是强调对立、斗争和革命,就是扣帽子、抓辫子、打棍子,就是以政治为中心,回到"左"的年代,对意识形态工作产生抵触。这可能是源于我们过去犯过意识形态扩大化和泛化的错误,但并不能就此走向另一个极端,认为可以取消意识形态或意识形态无用,犯虚无主义的错误。意识形态属于观

---

① 中共中央宣传部. 习近平总书记系列重要讲话读本 [G]. 北京: 学习出版社, 人民出版社, 2014: 105.

念上层建筑，是经济基础的必然反映，是社会整体结构的重要组成部分，我们无时无刻不在接受意识形态的影响和塑造。

意识形态有广义和狭义之分。从广义的角度看有三层内涵：一是指"观念学"。意识形态这一概念最早由法国哲学家特拉西在18世纪末提出（德文的意识形态最早由马克思提出）。其认为"意识形态"就是研究认识起源、界限和可靠性的学问，是观念学，是相对客观的知识性认识。二是指服务于经济基础的观念上层建筑，服务于国家机器和统治阶级需要的思想总和，即带有特定阶级立场和价值判断的认识——狭义上的意识形态。意识形态和一般观念的区别是它带有特定的立场和价值。如中国和美国都是国家，是纯客观的认识，是一般观念；中国比美国更优秀，涉及特定价值与立场，是意识形态；房子是用来住人的，是事实判断，是知识性认识；中国共产党人认为房子是用来住的，不是用来炒的，即房子不能完全资本化，不能只让少部分人有房住，大部分人没房住，体现了中国共产党人特定的立场和价值，是意识形态。三是指以自发方式出场的"无意识"的"意识形态"，如商品、货币、资本、科学技术等。这类事物的出现不是某个人或某个阶级的设计，而是源于生产方式和交往方式的发展，一开始不带有特定的立场和价值。但这类事物的力量极其强大且拥有自身发展逻辑，会改变人们的生产和生活方式，改变人们的思想观念和认知方式，进而获得意识形态性。如资本的膨胀和扩张，使得拜金主义和消费主义出现，拜金主义、消费主义会解构集体主义、奉献精神；科技的去中心化、开放性、平等性会解构权威，对主导意识形态的传播和教育造成极大挑战。

二、意识形态工作的极端重要性

意识形态反映经济基础的要求并受政治上层建筑的制约，但同时意识形态也会影响人类的互动与实践，反作用于经济基础并影响政治上层建筑的建构。

思考1：人活在一个怎样的世界里？人的行为和选择是由什么塑造的？人并不是活在一个纯粹的客观世界里，而是在一个由客观现实和意识观念共同构造的世界，观念和经验共同驱动人们的行为和选择。毛泽东第一次使用意识形态就指出社会意识形态能够在理论上再造现实社会①。同样，传统社会为什么一个君主可以统治几百万、几千万甚至几亿人口？靠的是君主个人的能力、才华、品德吗？毫无疑问不是。是靠观念体系，意识形态。只要人民接受了世界是神创造的，君主是神的代表（君权神授，君主是天子），人们要想幸福、得救，就必须遵守君主和神的统治这样一种观念，那君主是傻子、疯子、孩子，都不影响其统治的稳定。就像18世纪普鲁士皇帝腓特烈二世在一次检阅6万出征大军时对一位将军所表达的惊讶，"我们安全无虑地站在这里，看着这6万大军，他们都是我们的敌人，每个人都比我们武装完备、身体强壮，但他们一看见我们就发抖，我们却对他们毫无畏惧"②。士兵对皇帝发抖，不是生物学意义上的皇帝多么强大，而是观念上的皇帝很"神圣"。同样，这个世界没有神，但神的观念却统治了人类几千年；没有龙，龙却成了中国人的图腾；男人并不比女人尊贵，但男尊女卑的观念却使无数女性在传统社会惨遭厄运。可见，谁拥有意识形态的话语权和引导力，谁就具有塑造世界和维护统治的能力。

思考2：人类的根本优势是什么，是如何取得的？荀子曾说"人力不如牛、走不如马，但牛马为用，何也？人能群彼不能群也"，说明人类的根本优势是可以通过合作实现团结。人类为什么能够合作，靠人际关系的构建？靠实践的互动？靠血缘的联结？那远远不够。以色列作家尤瓦尔·赫拉利在《人类简史》中曾说，没有虚构的故事、没有观念体系，人类能管理的规模不会超过150人。即人类能够形成一个几亿甚

---

① 中共中央文献研究室. 毛泽东哲学批注集［M］. 北京：中央文献出版社，1998：210.

② ［以色列］赫拉利. 未来简史［M］. 林俊宏，译. 北京：中信出版集团，2017：125.

至十几亿的民族，能让不同的陌生人共同为了一个目标奋斗，主要靠教育、靠观念体系、靠意识形态的联结。反之，其他动物没有意识、没有教育，形成不了观念体系，无法实现陌生对象之间的合作，团体规模有限，最终被人类统治。可见，人类的根本优势来自共同观念下的大规模合作，共同观念的建立来自意识形态教育。

思考3：意识形态有没有性质与方向的区别？有。正确的意识形态可以让人获得集体性、崇高性和利他性（如中国共产党人的理想信念，中华民族共同体意识的形成）；错误的意识形态会沦为控制人民、愚昧人民的手段，成为法西斯主义、专制统治的帮凶（如有神论、君权神授观点、人民愚昧论等）。

综上，人不仅是现实还是观念的存在，谁能用合理、有效的意识形态、思想观念武装人、改造人，谁就拥有解释世界、解释生活的能力，就具有维护统治和引领人民的能力。意识形态工作极端重要！

三、当前我国意识形态面临的主要挑战

从国内看主要挑战来自三方面：第一，个人主义对集体主义的消解。市场化、民主化、全球化、网络化的推进与发展使得个人主义、自由主义的观念不断抬头，对以集体主义为核心价值追求的社会主义意识形态造成巨大冲击。思考：当前部分青年和党员思想观念中的最大危机是什么？不是暂时没有信仰或没有集体意识，而是否认信仰、利他、崇高和集体主义的存在，用个人主义否定集体主义、用自私性否定利他性。如有人认为火烧邱少云是假的，理由是有人做过实验，被大火焚身半小时的痛苦等级高达9级，在9级痛苦指数下人无法控制自己的生理表现，会不断翻滚。教科书却说邱少云被大火焚身将近半小时一动不动，因此是假的。这些人自己没有信仰，也不相信别人有信仰，因此不了解信仰带给人的力量。结果是用个人经验否定中国共产党的整个革命史、英雄史，否认党的伟大、光荣、正确，认为英雄、先锋、模范都是

我们党宣传、虚构出来的，导致怀疑主义、功利主义和历史虚无主义盛行，"爱无力"现象泛滥。甚至有人认为基于自私这一"人性"基础上的不择手段、损人利己、自私自利都是可以理解的，而"违背"这一"人性"的崇高、伟大和利他都是虚假和作秀，恶的、丑的、自私的不断被鼓励、包容和谅解，善的、好的、美的不断被质疑、批评、检视。坏人得利、好人遭殃，道德价值上的"劣币驱逐良币"现象不断出现，社会主义核心价值观中的崇高性、至善性难以形成，主流意识形态的根基被动摇。可见，没有集体主义的意识形态和价值观念，社会主义意识形态就从内部被消解。第二，贫富分化导致的思想分化。社会存在决定社会意识的基本原理告诉我们，贫富分化会导致阶层分化，阶层分化会导致思想分化，思想分化使得认知对立、价值冲突。共同理想、价值、目标的构建就难以实现。以美国为例，美国社会在今天陷入撕裂，根源于美国以金融资本为代表的经济结构。金融资本的流动性、扩张性决定了美国的财富会集中于少数金融资本家之手，贫富差距不断拉大。如2009年美国"占领华尔街"运动的口号就是"99%的人反抗1%"，这1%就是金融资本。数据也显示美国的中产阶级在2008年之前占美国总人口的75%左右，但2020年已经降到了50%以下。这一经济上的分化导致各群体思想和价值追求的分野，社会的分裂难以避免。可见，没有共同富裕就没有共同理想。今天，市场经济条件下，中国的贫富差距也已出现并将在一定时期内存在，这会给以塑造共同理想和核心价值为目标的社会主义意识形态带来巨大压力。第三，新媒体兴起导致的去中心化和权威化。传统社会人们的信息来源相对单一，自上而下通过科层制流动，主流意识形态所面临的异质信息挑战压力较小。但随着互联网和新媒体的兴起，每个人都可发声、表达、记录、阐释和传播，社会信息的产生、流动呈现多元、多主体、多方向的特点，加上在资本逐利性的驱动下，不管是平台还是个体为了获得流量、吸引眼球，都喜欢用非主流和低俗的方式来打擦边球，解构权威，冲击主流意识形态。其次，新媒体由于每个人都可以表达发声，具有大众属性，天然同情"弱者"或倾向多数会使大家在不了解真相或存在信息茧房的情况下，一旦政府和百姓或体制内和体制外或权威媒体与自媒体发生矛盾，新媒体和网民更容易站在"弱者"或简单多数的立场来看待和评价问题，政府、权威部门、中心组织所承受的压力加大，主流意识形态管理者、组织者、传播者的权威被消解，主流意识形态工作的效果受到影响。

综上，当前意识形态工作在国内的主要挑战有个人主义对集体主义的消解，贫富分化导致的思想分化，新媒体导致的去中心化和权威化。

从国际看：第一，意识形态日益成为西方遏制中国发展的工具。随着中国快速强大和发展，以美国为首的部分西方国家不断对中国进行遏制打压。究其原因，一是他们认为中国的发展崛起会挑战或损害其霸权与利益。二是他们认为中国的意识形态对西方意识形态造成了重大挑战。中国之前的其他国家都是以西方资本主义的方式实现现代化的，有利于资本主义霸权的维护。一旦中国以自己的方式实现了现代化，就意味着西方模式不是实现现代化的唯一模式、西式价值不是"普世价值"，西式现代化的"神话"就会被打破，美国甚至西方的资本主义霸权就可能崩溃。在这一背景下，不管是从现实利益还是未来争夺看，以美国为首的西方发达国家集团必然会在意识形态上对中国进行长期打压。新时代以来以美国为首的西方国家炒作新疆人权、香港自由都是国际意识形态斗争的重要体现。第二，中国在世界意识形态话语权的竞争中居于弱势。长期以来，中国在对外贸易上是顺差，但在文化上是逆差。美国大片、韩国电视剧、日本动漫在中国拥有广大市场，中国的影视作品却很难走出去。据统计，在国际上，美国的文化产业在世界文化市场所占比例高达43%，欧盟占34%，日本占10%，而中国文化产业所占比例不到4%。在全球最大的300家传媒企业中，144家是美国企业，80家是欧洲企业，49家是日本企业，美国及其他西方发达国家控制了全球媒体的90%。这导致一方面西方意识形态不断侵入中国，西方的自由、民主、法治、人权成了所谓的"普世价值",成了"最先进、最合理、最文明"的存在,中国特色社会主义理论与实践被批判、抹黑;另一方面中国的声音出不去,西方对中国充满误解和误会。如中国会国强必霸,中国的"一带一路"是新殖民,孔子学院是意识形态输出,华为是中国政府的代理人等错误观点甚嚣尘上,使得中华民族的伟大复兴面临更多挑战。

可见,不管是从国内还是国际看,新时代我国的意识形态工作都面临巨大压力和挑战,能否增强新时代我国意识形态工作的话语权、吸引力、有效性,事关中华民族复兴伟业。

四、应对当前意识形态挑战要处理好的基本关系

1. 要处理好客观现实与意识形态的关系。观念会参与对世界的塑造,因此意识形态极其重要。但不能得出政党、政府、组织只要控制意识形态阐释、传播和教育就能长治久安的错误论断。抗日战争时期,国民党拥有的宣传机器和舆论数量远超中国共产党,但他的理想信念和意识形态塑造力却远远不如我们。整个抗日战争时期有四万多知识分子脱离南京,奔赴延安,根源就在于人民在现实中发现南京政府的宣传教育是假的,中国共产党的宣传是真的且符合人民利益。可见,人们会用现实观察和体验来检验意识形态的科学性,脱离实际的宣传和教育,早晚会被人民抛弃。再如西方的部分政客和媒体对中国进行污蔑、扭曲和攻击,但中国人民对党和国家的认同却不断提高。根源也是中国人民在实践中真切感受到了中国政策的战略性成果,感受到了中国政府永远将人民的生命安全和身体健康放在第一位的初心使命。尊重事实、符合客观是意识形态工作有效性的基础,中国更强大、人民更幸福、社会更和谐是中国共产党意识形态说服力强大的根基。那意识形态教育是不是就是"有一说一、实话实说"?不是。有一说一、实话实说往往只关注到当下的、具体的事实,而缺乏对规律的整体把握。以人类为例,追求和实

现"真""善""美"的统一是人类发展的总体规律和趋势,而不是追求简单的真实。因此我们不能在大街上看见一个长得不太漂亮的女士,就走上去说"你长得真丑";妻子不漂亮了,老公也不能说"你这个黄脸婆";丈夫还没有大成就,妻子也不应说"你这个没用的货"。这些表达虽然符合真实,但却违背了善与美,当然不提倡。也正是因为这一点,我们要强调正能量宣传教育,因为简单真实的东西不能更好激发人们积极行动的力量、赋予人们更多的勇气。可见,意识形态工作对内、对自己人要以团结稳定鼓劲、正面宣传为主,对外、对敌人要以批判和揭露为主。既符合现实又鼓舞人心,立足客观、坚定立场是意识形态工作的第一原则。

2. 要处理好经济基础和意识形态的关系。意识形态作为观念上层建筑,建立于经济基础之上并反映经济基础,这意味着:第一,意识形态不能脱离物质基础独自存在发展。经济基础变了,意识形态也要变。马克思说"'思想'一旦离开'利益',就一定会使自己出丑"①,邓小平同志认为"不重视物质利益,对少数先进分子可以,对广大群众不行,一段时间可以,长期不行"②。市场经济条件下,人们更多是以个体身份参与竞争,没有了以前集体、单位从生到死的物质保障,养家糊口和个体的物质利益获取压力较大。在个体利益客观存在的时代,意识形态工作既要强调集体与奉献,也要尊重个人利益与意志,否则会导致意识形态的虚假。第二,经济基础的分化是意识形态工作的最大挑战。如前所述共同的意识形态要建立在共同的经济基础之上,主导意识形态权威的建立要以消除贫富差距让发展成果由人民共享为基础,为此要扎实推进共同富裕。新时代脱贫攻坚战的胜利和全面小康社会的建成是社会主义意识形态工作的重要助力,应进一步巩固发展这一成果。

---

① 中共中央马克思恩格斯列宁斯大林著作编译局. 马克思恩格斯文集:第1卷 [M].
北京:人民出版社,2009:286.
② 邓小平. 邓小平文选:第二卷 [M]. 北京:人民出版社,1994:146.

3. 处理好民族性和世界性的关系。意识形态发端于不同的民族历史、民族文化和民族生存条件下，必然带有阶级性、民族性。这决定了中国的意识形态必然要为中国特色的理论、制度、道路、文化辩护，必然要对西方的普世价值进行批判，因为其打着普世的名义试图将一种模式绝对化、唯一化。但同时，在经济全球化和世界一体化的今天，世界合作共赢的前提是意识形态的共通或互容。中国的意识形态也必须获得与人类共同价值沟通融合的能力。独特性不能变成封闭性，开放性不能脱离独立性。

4. 要处理好吸收与批判的关系。要巩固社会主义意识形态，就必须反对资产阶级意识形态，特别是其核心价值中的极端个人主义。这是因为：从理论看，个人主义认为个人是先于社会和他人而存在的自然物，因此个人利益与自由不受集体的约束与羁绊。但如果我们从现实的人出发就会发现没有人一出生就是原子化的个体，而是活在特定的家庭、社区与民族之中，被家庭、社会和集体所塑造，因此人无法真正独立存在（那只能是抽象的人），我们无法自我定义"我是谁"，只能在社会关系、集体关系中去界定。如我说我是老师，这是职业身份；我是父亲，是家庭身份。抛开一切社会关系，我们就是相似的生物性存在，与他人没有区别，"我是谁"也就失去了成立的语境。这就是马克思所说的，人的本质在现实性上是一切社会关系的总和，所以我们在现实中有时会感到社会性死亡比生理性死亡更可怕；从实践看，个人主义的实践有害的。首先，每个人干事情只看自己是否愿意、是否喜欢、是否认同，人的生活就会失去崇高性、神圣性和稳定性，就没有根本性价值，虚无主义、无所谓情感、"爱无力"现象就会泛滥，人们就会感觉生命无意义。其次，会导致无数绝对性个体之间的彼此冲突。当每个人都追求自己的绝对权利，个体之间、阶层之间会越来越难以理解、团结与合作，社会就难以凝聚。可见，我们要尊重个体的合理利益与选择，但不能用个人主义否定集体主义，不能用资本主义意识形态否定社会主义意识形态。社会主义意识形态只有在既吸收又批判资本主义意识形态的基础上，才能建立自己的合理性，明确自己的科学性。

科学、强大的意识形态，是维护统治的根本、是团结凝聚的根本、是中国共产党成功的核心精神密码。意识形态工作极端重要！

专题二十一　如何理解马克思主义阶级观

"至今一切社会的历史都是阶级斗争的历史。"① 阶级理论是马克思主义唯物史观的重要组成部分，是马克思主义的核心内容。围绕马克思主义阶级观所产生的责难与激赏，成功与失误不仅深刻影响着马克思主义自身的命运，也影响着外界对马克思主义的评判与选择。

一、阶级的概念与内涵

1. 马克思主义之前人们对"阶级"的认识。自从人类进入文明社会后，阶级就是人类社会的重要存在，对阶级的关注、研究、表达也早就出现。（1）传统社会。在西方，柏拉图和亚里士多德很早就从等级这一角度论述过阶级的存在。柏拉图在其著作《理想国》中将社会自由民划分为三个等级：统治者、战士、劳动者。亚里士多德按照财产富裕程度将城邦公民分为极富、极贫和中产阶级三个部分。在中国，"阶级"一词也是古已有之，包含台阶、上下等级、官的品位、爵位、阶段、段落等含义。其中与现代"阶级"相近的也是指等级，即"礼"规定的等级秩序。（2）近代社会。英文阶级 class 一词启用于 1602 年，研究者一般是在与资产阶级或工业革命的产生、发展和消亡的理论联系

---

① 中共中央马克思恩格斯列宁斯大林著作编译局. 马克思恩格斯选集：第 1 卷 ［M］. 北京：人民出版社，2012：400.

中使用这一表达。恰如马克思本人所言："至于讲到我，无论是发现现代社会中有阶级存在或发现各阶级间的斗争，都不是我的功劳。在我以前很久，资产阶级历史编纂学家就已经叙述过阶级斗争的历史发展，资产阶级经济学家也已经对各个阶级作过经济上的分析。"① 如 17 世纪法国重农学派的创立者魁奈，依据其"纯产品"理论将资本主义的国民分为生产阶级、土地所有者阶级和不生产阶级三大部分。18 世纪后期，亚当·斯密在继承魁奈等人理论的基础上，将资本主义社会划分为工人阶级、资本家阶级和地主阶级三个基本等级。西斯蒙第（Sismondi）进一步指出工业化的结果是中产阶级完全消灭，社会上除了大资本家和其雇佣者外，没有其他阶级存在的余地。19 世纪上半叶的资产阶级历史学家梯叶里（Thierry，Jacques-Nicolas-Augustin）、基佐（François Pierre Guillaume Guizot）、米涅（Francois Auguste Marie）等人都对阶级和阶级斗争问题提出过重要见解，在他们看来，"利益关系"是划分阶级的标准，也是构成阶级斗争的一般原因。（3）空想社会主义者。圣西门在人类史上首次提出无产者阶级和无产阶级的概念。1821 年他以"无产阶级"为题发表专门论文，指出大量的劳动者被剥夺了生产资料，变得一贫如洗，在这种情况下，整个社会便只有"有产者"和"无产者"或"无产阶级"了。欧文则揭露了资本主义制度下的贫富对立和工人阶级贫困的原因在于资本主义占有制，他指出："在现存制度下，财富却变成了奴役大众的根源和人人竞逐的对象，成为各种各样的虚伪、暴力、不义和压迫的原因，从而把人们分成各个彼此仇视的阶级，使一切人的行为非常没有理性。凡是掌握了各种各样的知识而智力发达的人都能够了解，为全人类造福的伟大的根本变革时代就要来临了。"② 这些

---

① 中共中央马克思恩格斯列宁斯大林著作编译局. 马克思恩格斯选集：第 4 卷［M］. 北京：人民出版社，2012：426.

② ［英］欧文. 欧文选集：第 2 卷［M］. 柯象峰，何光来，秦果显，译. 北京：商务印书馆，1997：53.

空想社会主义者看到了阶级的存在和对立，但没有看到无产阶级的历史首创作用，不相信无产阶级的力量，拒绝一切政治行动，特别是拒绝一切革命行动，将希望寄托于资产阶级贵族的支持上，陷于空想。

2. 马克思主义"无产阶级"一词的产生与演变。马克思、恩格斯最早对无产阶级的概念进行了科学界定。恩格斯在《共产主义原理》中以问答的形式阐述了"无产阶级"的概念，"无产阶级是完全靠出卖自己的劳动而不是靠某一种资本的利润来获得生活资料的社会阶级……一句话，无产阶级或无产者阶级是 19 世纪的劳动阶级"[1]。1888 年，其在为《共产党宣言》英文版加注时对"无产阶级"的含义做了进一步界定，"无产阶级是指没有自己的生产资料，因而不得不靠出卖劳动力来维持生活的现代雇佣工人阶级"[2]。其后列宁第一次明确了阶级与生产资料占有的关系，"所谓阶级，就是这样一些大的集团。这些集团在历史上一定的社会生产体系中所处的地位不同，同生产资料的关系（这些关系大部分是在法律上明文规定了的）不同，在社会劳动组织中所起的作用不同，因而取得归自己支配的那份社会财富的方式和多寡也不同。所谓阶级，就是这样一些集团，由于它们在一定社会经济结构中所处的地位不同，其中一个集团能够占有另一个集团的劳动。"[3] 中国人最早从日本引入无产阶级概念时，大都将其译为"平民"。共产党成立后，李达从广义上将"无产阶级"理解为"凡农民与散工悉含在内"，李大钊提出中华民族是"无产阶级民族"的概念。其后毛泽东把农民和工人都总体纳入无产阶级范畴，进一步丰富了其内涵，在《中国社会各阶级的分析》一文中，其把中国的无产阶级分为"工业无产

① 中共中央马克思恩格斯列宁斯大林著作编译局. 马克思恩格斯选集：第 1 卷 [M]. 北京：人民出版社，2012：295.
② 中共中央马克思恩格斯列宁斯大林著作编译局. 马克思恩格斯选集：第 1 卷 [M]. 北京：人民出版社，2012：400.
③ 中共中央马克思恩格斯列宁斯大林著作编译局. 列宁全集：第 37 卷 [M]. 北京：人民出版社，1986：45.

阶级""半无产阶级"（贫农）、"农业无产阶级"（雇农）三部分。在《湖南农民运动考察报告》里，其将贫农和雇农放在同一位置，都作为被压迫者和革命者。抗日战争时期，其指出在中国的无产阶级中"现代产业工人约有二百五十万至三百万，城市小工业和手工业的雇佣劳动者和商店店员约有一千二百万，农村的无产阶级（即雇农）及其他城乡无产者，尚有一个广大的数目"①，进一步扩展了无产阶级的来源，论证了中国革命的动力源泉。从此，"无产阶级"广义化用法便固定下来，逐渐演变为中国化马克思主义术语。后来的党史研究者也大都使用这一范畴，"近代中国的无产阶级，除了产业工人这一主体之外，还包括与产业工人处于同等或类似地位、靠出卖劳动力生活、并与产业工人所从事的及其大工业生产有直接或间接关系的各种非产业工人，如手工业工人、苦力运输工人、农业雇工、商业和金融业的普通职工等，其总数有 4000 万人左右"②。

纵观马克思主义文献，会发现对无产阶级和工人阶级这两个概念的运用，总体呈现的特点是：当强调人们受压迫受剥削时，往往使用"无产者、无产阶级"一词；而当强调社会财富的创造者和未来新社会的建立者时，就更多地使用"工人阶级（劳动阶级）"一词。但有时也将无产阶级与工人阶级一起使用，如在《英国工人阶级状况》一书的序言中，恩格斯就曾说："我也经常把工人和无产者，把工人阶级、没有财产的阶级和无产阶级当做同义语来使用。"③

3. 马克思主义"资产阶级"概念的产生及演变。恩格斯在 1888 年《共产党宣言》英文版中特意加了一个注释，将"资产阶级"界定为

---

① 毛泽东. 毛泽东选集：第二卷 [M]. 北京：人民出版社，1991：320.
② 中共中央党史研究室. 中国共产党历史：第一卷（1925—1949）：上册 [M]. 北京：中共党史出版社，2011：26.
③ 中共中央马克思恩格斯列宁斯大林著作编译局. 马克思恩格斯全集：第2卷 [M]. 北京：人民出版社，1957：280.

"占有社会生产资料并使用雇佣劳动的现代资本家阶级",是无产阶级的对立面。但要注意的是,这里被置于无产阶级对立面的"资产阶级"只是大资产阶级或资本家阶级,小资产阶级并不包含其中。马克思也多次论述过资产阶级的特点,在《神圣家族》中,其指出"有产阶级和无产阶级同是人的自我异化",在《资本论》中其进一步明确,"作为资本家,他只是人格化的资本。他的灵魂就是资本的灵魂。而资本只有一种生活本能,这就是增殖自身,创造剩余价值,用自己的不变部分即生产资料吮吸尽可能多的剩余劳动"①,明确资产阶级必然具备客观和主观两大标准:客观上,依靠资本获得收入,是资本的所有者,而且一定是大资本的所有者;主观上,体现资本的意志,遵循投入更多、获得更多以无限制地自我增值、不懈地追逐利润、不断地积累财富的资本逻辑,甚至为了价值增值可以不惜付出一切代价。马克思主义进入中国后,中国共产党人进一步对资产阶级进行了细分。如在 1925 年毛泽东发表的《中国社会各阶级的分析》一文中,其就极具创造性地将中国的资产阶级分成买办阶级和民族资产阶级两部分;其后,又进一步将中国的资产阶级划分为大资产阶级、民族资产阶级和小资产阶级,明确要团结民族资产阶级、小资产阶级,反对大资产阶级(或官僚资产阶级),丰富完善了马克思主义的阶级理论。

二、马克思主义的阶级理论

关于自身阶级理论的贡献,马克思曾概括道,关于阶级"我所加上的新内容就是证明了下列几点:第一,阶级的存在仅仅同生产发展的一定历史阶段相联系;第二,阶级斗争必然导致无产阶级专政;第三,

---

① 中共中央马克思恩格斯列宁斯大林著作编译局. 资本论:第一卷 [M]. 北京:人民出版社,2004:287.

这个专政不过是达到消灭一切阶级和进入无阶级社会的过渡"①。这三点构成了马克思主义阶级理论的基本框架。

1. 阶级现象同生产力的发展紧密相关——是个历史范畴。首先，阶级是社会生产力发展到一定阶段的产物。"社会分裂为剥削阶级和被剥削阶级，统治阶级和被压迫阶级，是以前生产不大发展的必然结果。只要社会总劳动所提供的产品除了满足社会全体成员最起码的生活需要以外只有少量剩余，就是说，只要劳动还占去社会大多数成员的全部或几乎全部时间，这个社会必然划分为阶级"②。阶级的产生和存在是由生产力发展水平和社会经济条件所决定的，"如果撇开经济的因素，就注定会走向失败"。其次，生产力发展引起的社会分工是阶级起源和存在的又一基础。一旦生产形成分工和私有制，"在分工的范围内，私人关系必然地、不可避免地会发展为阶级关系，并作为这样的关系固定下来"③。"几千年来，地球上一切民族的情况都是这样！在埃及有过劳动和分工，因此有等级；在希腊有过劳动和分工，因此有封建主和农奴，行会等级等。在我们这个时代有劳动和分工，因此也就有阶级，其中一个阶级占有全部生产工具和生活资料，另一个阶级只有出卖自己的劳动才能生存，而出卖劳动也只有当购买劳动能使雇主阶级发财时才有可能。"④ 阶级是人类社会分工的产物，由此我们可以获得对于阶级产生具有决定意义的因果链条：生产力决定分工——分工（脑力劳动和体力劳动、劳动生产与资本生产、农业劳动与工业劳动等）决定所有制

① 中共中央马克思恩格斯列宁斯大林著作编译局. 马克思恩格斯选集：第 1 卷 [M].
   北京：人民出版社，2012：426.
② 中共中央马克思恩格斯列宁斯大林著作编译局. 马克思恩格斯文集：第 9 卷 [M].
   北京：人民出版社，2009：298.
③ 中共中央马克思恩格斯列宁斯大林著作编译局. 马克思恩格斯全集：第 3 卷 [M].
   北京：人民出版社，1960：513.
④ 中共中央马克思恩格斯列宁斯大林著作编译局. 马克思恩格斯全集：第 6 卷 [M].
   北京：人民出版社，1961：263.

关系——所有制关系决定阶级关系。再次，生产力的充分发展会消灭阶级。"社会阶级的消灭是以生产高度发展的阶段为前提的，在这个阶段上，某一特殊的阶级对生产资料和产品的占有，从而对政治统治、教育垄断和精神领导地位的占有，不仅成为多余的，而且在经济上、政治上和精神上成为发展的障碍。"① 阶级是一个历史范畴，而非永恒现象。

2. 关于阶级划分的标准——阶级本质上是个经济范畴。阶级的存在与生产力的发展、生产资料的占有、社会分工密切相关，决定了阶级实质上是一个经济范畴。马克思在 1847 年就指出："私有制不是一种简单的关系，也绝不是什么抽象概念或原理，而是资产阶级生产关系的总和。""所有这些资产阶级生产关系都是阶级关系。"② 恩格斯在《反杜林论》中也指出："社会阶级在任何时候都是生产关系和交换关系的产物，都是自己时代经济关系的产物。"③ 列宁在《伟大的创举》一文中进一步明确区分阶级的根本标志是它们在社会生产中所处的地位，它们与生产资料的关系。从人们与生产资料的关系来进行阶级划分是马克思主义阶级观的显著特征。

但需要注意的是，马克思在进行阶级划分时，不仅注意人们的经济地位，而且还关注人们的社会地位和政治意识形态。如马克思把资产阶级的思想家称之为"资产阶级的理论家""统治阶级的辩护士""资产阶级的代言人"。列宁、斯大林、毛泽东、邓小平根据马克思在阶级分析时考虑政治标准这一思想，在不同阶段会将不同群体的知识分子或划归为资产阶级或划归为工人阶级。"没有一个活着的人能够不站到这个或那个阶级方面来（既然他已经了解它们的相互关系），能够不为这个

---

① 中共中央马克思恩格斯列宁斯大林著作编译局. 马克思恩格斯文集：第 9 卷 [M].
　北京：人民出版社，2009：298-299.

② 中共中央马克思恩格斯列宁斯大林著作编译局. 马克思恩格斯全集：第 4 卷 [M].
　北京：人民出版社，1958：352.

③ 中共中央马克思恩格斯列宁斯大林著作编译局. 马克思恩格斯选集：第 2 卷 [M].
　北京：人民出版社，2012：401.

或那个阶级的胜利而高兴，为其失败而悲伤，能够不对于敌视这个阶级的人或散布落后观点来妨碍这个阶级发展的人表示愤怒等等。"① 马克思阶级标准的本质是经济，但同时也考虑政治和意识形态因素。

3. 关于阶级斗争——阶级斗争是社会发展的动力。马克思、恩格斯不仅把阶级看作经济范畴，且认为阶级社会的生产关系本质上是一个阶级对另一个阶级通过公开或隐蔽的方式进行剥削、统治和奴役的关系。阶级斗争是阶级社会发展的直接动力，是人类消除不公正、不平等，走向解放、自由与和谐的必要步骤，强调"一切重要历史事件的终极原因和伟大动力是社会的经济发展，是生产方式和交换方式的改变，是由此产生的社会之划分为不同的阶级，是这些阶级彼此之间的斗争"②。后来马克思进一步强调："将近40年来，我们一贯强调阶级斗争，认为它是历史的直接动力，特别是一贯强调资产阶级和无产阶级之间的阶级斗争，认为它是现代社会变革的巨大杠杆；所以我们绝不能和那些想把这个阶级斗争从运动中勾销的人们一道走。"③

但同样需要注意的是，不是任何一种形式的或任何一次的阶级斗争都具有普遍意义，只有当阶级斗争变成了政治斗争特别是政权斗争时才具有普遍意义。马克思、恩格斯在《共产党宣言》中指出"一切阶级斗争都是政治斗争"，工人运动只有发展到政治运动才算是阶级运动。即阶级斗争发源于经济，但却以政治作为最典型形式。同时，阶级运动必须是自觉自为的，区分"自在的阶级"与"自为的阶级"的关键在于是否具有"阶级意识"。在《德意志意识形态》中，马克思指出："这种阶级形成全体社会成员中的大多数，从这个阶级中产生出必须实

① 中共中央马克思恩格斯列宁斯大林著作编译局. 列宁选集：第一卷 [M]. 北京：人民出版社，1972：153.
② 中共中央马克思恩格斯列宁斯大林著作编译局. 马克思恩格斯文集：第3卷 [M]. 北京：人民出版社，2009：509.
③ 中共中央马克思恩格斯列宁斯大林著作编译局. 马克思恩格斯选集：第3卷 [M]. 北京：人民出版社，2012：739.

行'彻底革命的意识'，即'共产主义的意识'，这种意识当然也可以在其他阶级中形成，只要它们认识到这个阶级的状况。"① 当阶级成为自为阶级后，阶级斗争就是促进社会革命的重要力量，并通过对经济和政治领域实行根本的改造，使思想、文化领域发生深刻变化。在这种斗争中，国家政权的易帜是实现社会形态变革的基本标志。

4. 关于无产阶级专政——消灭阶级的必然途径。马克思认为阶级斗争必然导致无产阶级专政，如果没有导致无产阶级专政，无产阶级的阶级斗争就没有从根本上取得成功。之所以要有一个无产阶级专政的阶段，一方面在于资产阶级的存在和对无产阶级统治的反抗，一方面在于阶级斗争和阶级存在的条件还没有消失。在无产阶级专政时期无产阶级要通过镇压敌对阶级即资产阶级的反抗，对社会经济关系进行革命改造来为实现共产主义创造条件。在《哥达纲领批判》中，马克思指出："在资本主义社会和共产主义社会之间，有一个从前者变为后者的革命转变时期。同这个相适应的也有一个政治上的过渡时期，这个时期的国家只能是无产阶级的革命专政时期。"② 无产阶级专政是消灭剥削、消灭阶级，进入共产主义的必然途径。

三、马克思主义阶级理论与西方社会分层理论比较

1. 历史观不同。一个社会必然会存在统治者与被统治者，剥削者与被剥削者，会存在阶级差异，这是马克思主义阶级理论和西方社会分层理论都承认的现实。区别在于，马克思主义认为资本分化和阶级都是历史的产物，随着资本和经济分化的消失，阶级现象也就随之消除；而资产阶级的分层理论则认为，社会不平等是满足社会整体需要的一种结

① 中共中央马克思恩格斯列宁斯大林著作编译局. 马克思恩格斯选集：第1卷［M］. 北京：人民出版社，2012：186.
② 中共中央马克思恩格斯列宁斯大林著作编译局. 马克思恩格斯选集：第3卷［M］. 北京：人民出版社，2012：373.

构形式，任何社会不可能消除不平等现象，社会分成若干不平等的阶层不仅是不可避免的，且对于社会良性运转以及每个个体都是有益的。如马克斯·韦伯就认为靠着社会不平等、通过竞争，才能确保最重要的职位由最合格的人来担任；约瑟夫·熊彼特也认为，任何社会都是不平等的，这是由不同人的才能以及不同时代对不同才能的需要决定的。在这里资产阶级的理论家把阶级和阶层进行了混淆。

2. 标准不同。在马克思主义这里，其将生产资料的占有关系作为探讨阶级的前提和基础，阶级划分的标准不是简单的收入和经济水平的高低，而是占有生产资料的多寡。西方分层理论的重点在市场和交换领域，主要是指同一阶级内由于经济地位不同而形成的群体，其核心是财富占有的多少，而不是群体性的剥削与压迫，不具有根本的对抗性。换句话说，马克思主义的阶级理论寻求的是对阶级对立深层本质的揭示，反映的是人们的经济关系，是人们贫富分化的根源问题。阶层则是一个社会学范畴，是一种类别划分和现象呈现。

要注意的是，马克思强调阶级的经济性，只是从"归根到底"的角度讲，从基础的角度讲，不是从决定的角度讲。对此马克思在《路易·波拿巴的雾月十八日》一文中明确指出："数百万家庭的经济生活条件使他们的生活方式、利益和教育程度与其他阶级的生活方式、利益和教育程度各不相同并互相敌对，就这一点而言，他们是一个阶级。"① 可见，各阶级的区别是多方位的，但生产资料以外的其他方面居于次要地位。

学习马克思主义阶级理论，不仅要明确马克思主义阶级论与西方阶层论的根本区别，避免将今天中国的阶层问题归为阶级问题，导致阶级斗争扩大化；也要避免阶级斗争熄灭论，失去斗争意志与勇气，犯虚无主义错误。

---

① 中共中央马克思恩格斯列宁斯大林著作编译局. 马克思恩格斯选集：第 1 卷 ［M］. 北京：人民出版社，2012：762.

专题二十二　马克思主义普遍交往与世界历史理论

当今世界，全球化与逆全球化相互交织，孤立主义与人类命运共同体彼此交锋，民族性与世界性冲突更加凸显。马克思在考察生产力和人类交往形式发展的基础上，曾深刻指出："各个相互影响的活动范围在这个发展进程中越是扩大，各民族的原始封闭状态由于日益完善的生产方式、交往以及因交往而自然形成的不同民族之间的分工消灭得越是彻底，历史也就越是成为世界历史。"① 这段话从根本上揭示了人类社会形成、产生、发展的基本趋势。不懂得或忽视这一点，就会失去观察世界历史发展的重要方法论，就无法理解无产阶级的历史使命、人类社会的发展规律以及人类命运共同体、中国特色人类文明新形态以及共产主义到来的历史必然性。对这一问题的回答，事关我们如何理解什么是社会主义、如何建设社会主义，什么是人类社会、如何建设人类社会等重大问题。

一、普遍交往与世界历史的基本内涵

1. 普遍交往。普遍交往是指人类不断克服地理条件、区域性市场、

---

① 中共中央马克思恩格斯列宁斯大林著作编译局. 马克思恩格斯选集：第 1 卷［M］. 北京：人民出版社，2012：168.

狭隘性文化和孤立性、封闭性状态，使得个人、群体、阶级、民族、国家的物质和精神交往呈现普遍性和世界性的过程。总体看其有三方面的基本规定：其一是指各民族间相互交往的普遍性，即各民族间的互相往来和互相依赖；其二是指每一个人之间相互交往的普遍性，即单个人与一切人发生联系以及每个人之间全面的依存关系；其三是指民族内部的普遍交往，"各民族之间的相互关系取决于每一个民族的生产力、分工和内部交往的发展程度。这个原理是公认的"①。其中各民族间的普遍交往只有最终表现为个人的和民族内的普遍交往，才具有真正的普遍性。

2. 世界历史。唯物史观视域中的"世界历史"是指各民族、国家通过普遍交往，打破孤立隔绝的状态，进入相互依存、相互联系的世界整体化的历史。在马克思主义经典作家的文本里，曾从三种意义上使用"世界历史"这一概念。第一种意义的"世界历史"是对各个国家和民族历史总和的"泛称"，即自在的"世界历史"概念。第二种"世界历史"不是一个"自在"的客观自然过程，是自在的"世界历史"概念向自觉的"世界历史"概念的过渡，带有实现人的自由全面发展的目的。第三种意义的"世界历史"特指作为资本扩张催生的普遍交往的"世界历史"。普遍交往和世界历史的形成都源于资本主义的产生与扩张，没有资本主义生产方式的发展，就没有普遍交往的形成和世界历史的出现。这与前资本主义时期以人的依赖性为基础、以民族历史为核心的狭窄范围内的自然交往和民族历史不同，但同时也看到资本主义并不能使普遍交往和自觉的"世界历史"得到实现。因为资本主义条件下人与人的关系、民族与民族之间的关系被异化、物化，形成的是一种"虚幻的共同体"，本质是一种异化交往和异化民族关系。真正的普遍

---

① 中共中央马克思恩格斯列宁斯大林著作编译局. 马克思恩格斯选集：第 1 卷 [M]. 北京：人民出版社，2012：147.

交往和世界历史只有等到社会生产力高度发达，私有制、阶级和民族压迫被消灭的共产主义社会才能全面实现。因此，不能将普遍交往、世界历史理论与资本主义等同。

与此同时，普遍交往与世界历史既有区别又有联系：（1）普遍交往是世界历史形成的重要前提也是其基本特征。没有普遍交往，世界必然还处于隔绝与孤立状态，世界历史就无法形成。（2）世界历史的形成进一步促进了普遍交往的发展。随着世界生产、交换、分配基础上"世界历史"的深化发展，世界人民普遍交往的频率和深度必然不断增加。

二、主要内容

马克思主义的普遍交往和世界历史理论，包括对普遍交往与世界历史的本质特征、发展动力、历史主体、基本路径和必然趋势等诸多方面的深刻阐述，内容极其丰富而严整，是一个科学的理论体系。

1. 本质与动力。马克思主义认为人类迈向普遍交往，向世界历史转变是一个客观的物质过程，这与黑格尔的交往与世界历史理论有本质区别。黑格尔认为："哲学用以观察历史的唯一的'思想'便是理性这个简单的概念；'理性'是世界的主宰，世界历史因此是一种合理的过程。"① 可见，在黑格尔那里，世界历史是自由意识的不断发展过程，是一种观念与自然整体性互动的过程，显然是一种"头足倒置"的唯心主义思想。马克思主义的普遍交往虽然包含着精神的普遍交往和文化的全球化、世界化甚至是同一化，但其基础是人的感性的实践活动，是生产力的发展和物质交往的扩大，"历史向世界历史的转变，不是'自我意识'、世界精神或者某个形而上学幽灵的某种纯粹的抽象行动，而

---

① ［德］黑格尔. 历史哲学［M］. 王造时，译. 北京：生活·读书·新知三联书店，1956：47.

是完全物质的、可以通过经验证明的行动"①，大工业"首次开创了世界历史，因为它使每个文明国家以及这些国家中的每一个人的需要的满足都依赖于整个世界，因为它消灭了各国以往自然形成的闭关自守的状态"②，共产主义社会的构建"是以生产力的普遍发展和与此相联系的世界交往为前提的"③。在物质交往推进的同时，精神的普遍交往也开始出现，"物质的生产是如此，精神的生产也是如此。各民族的精神产品成了公共的财产。民族的片面性和局限性日益成为不可能，于是由许多种民族的和地方的文学形成了一种世界的文学"④。可见，马克思主义把普遍交往和世界历史的科学性建立在现实的物质生产活动与实践上，而非黑格尔所谓绝对理性的"世界精神"。生产力的发展和科技的进步是普遍交往与世界历史形成的动力，而非绝对理性。今天世界范围内的生产合作、资本扩张、要素流动，说明普遍交往和世界历史的趋势不可逆转，倡导建立人类命运共同体符合人类社会发展的基本规律。

2. 历史主体。资产阶级在普遍交往和世界历史的形成过程中起过非常重要的作用，但只有无产阶级才能完成。资本主义是人类历史发展的一个必要环节、必要阶段，是实现社会主义的历史前提。没有资本主义大工业创造的发达社会生产力、普遍交往关系以及"人的政治解放"等条件，世界历史无法形成，无产阶级也不能实现解放全人类和建立共产主义的目标。正因如此，在《共产党宣言》中，马克思不仅批判了空想社会主义，而且批判了"封建的社会主义""小资产阶级的社会主

---

① 中共中央马克思恩格斯列宁斯大林著作编译局. 马克思恩格斯选集：第1卷［M］. 北京：人民出版社，2012：169.
② 中共中央马克思恩格斯列宁斯大林著作编译局. 马克思恩格斯选集：第1卷［M］. 北京：人民出版社，2012：194.
③ 中共中央马克思恩格斯列宁斯大林著作编译局. 马克思恩格斯选集：第1卷［M］. 北京：人民出版社，2012：166.
④ 中共中央马克思恩格斯列宁斯大林著作编译局. 马克思恩格斯选集：第1卷［M］. 北京：人民出版社，2012：404.

义""德国的或真正的社会主义"以及"保守的或资产阶级的社会主义",还把前三者标示为"反动的社会主义"。之所以是"反动的",根本上是因为他们不理解资本主义的历史进步性,试图开历史的倒车。马克思主义认为,社会主义本质上是一种建立在资本主义生产方式上的全世界工人阶级的运动,是进入普遍交往和世界历史阶段全人类的解放运动。没有资本主义的生产力基础与发展,就没有普遍交往和世界历史,就没有无产阶级的联合,就没有全人类的解放,就没有每个人自由全面发展的物质基础,就没有人类精神与文化的共通。可见,资产阶级在推进普遍交往和世界历史的形成过程中发挥了重要作用。在构建人类命运共同体的过程中我们不能将资本主义与社会主义、资产阶级与无产阶级对立。

资产阶级推动世界历史形成和发展的根本动力是资本。一切为了剩余价值和利益最大化,是资本主义生产方式的绝对规律。这一方式下的普遍性交往和世界历史,会产生基于资本不平等基础上的剥削与压迫,马克思主义普遍交往和世界历史的"自觉"价值——实现每个人自由全面发展、解放全人类——无法实现。这一使命只能由无产阶级政党和无产阶级来实现,因为无产阶级只有解放全人类,才能最终解放自己。且"无产阶级只有在世界历史意义上才能存在,就像共产主义——它的事业——只有作为'世界历史性的'存在才有可能实现一样。而各个人的世界历史性的存在,也就是与世界历史直接相联系的各个人的存在"①。中国共产党倡导的合作、共赢、共享、共建的人类命运共同体与资产阶级追求的资本增值、扩张、繁衍的资本主义全球化存在根本区别。人类的最终命运是用人类命运共同体取代当前的资本主义全球化。

3. 基本特征与必然趋势:普遍交往与世界历史形成和发展的二重

---

① 中共中央马克思恩格斯列宁斯大林著作编译局. 马克思恩格斯文集:第1卷 [M].北京:人民出版社,2009:166-167.

性。普遍交往和世界历史的形成，使得资本主义战胜了封建主义，促进了生产力的发展和一定程度上人的"政治解放"。但资本主义推动下的普遍交往和世界历史并非都是理性战胜愚昧、真理战胜谬误、文明战胜野蛮，还伴随着大量的不平等、不自由、不公正、不和平，充满暴力、剥夺与血腥。资本主义扩张下的普遍交往和世界历史带来的对抗性和矛盾性至少有三：其一，普遍交往和世界历史使得世界客观上形成了"中心—边缘"格局。资本主义的低廉商品和先进技术，"是它用来摧毁一切万里长城、征服野蛮人最顽强的仇外心理的重炮"①，结果是发达的资本主义国家成为资本、技术、标准的供应国和制定国，落后的发展中国家成为劳动、资源、材料的供给方，世界范围内资产阶级和无产阶级的分工形成并固化，世界的不平等性加剧，"中心—边缘"的世界格局形成。其二，资本主义生产、销售、消费等活动的全球化、同质化，对民族文化的区域性与独特性造成重大挑战。西方的民主、自由、人权利用其技术和传播优势，逐渐成为所谓的"普世价值"，西方的文明、制度、道路被渲染为最优秀且唯一能实现现代化的模式，其他国家的多元探索往往被斥之为落后、野蛮和逆历史潮流而被批判，人类文明的丰富性、可能性、多元性受到严重挑战。其三，资本主义逻辑的全球化、普遍化，使得人类的目的、方向被遮蔽。普遍交往和世界历史的推进与资本对社会、个体生活的覆盖遮蔽几乎同步，社会生态系统被扭曲破坏而变得单一化、畸形化，造成"物的世界"极度膨胀，"人的世界"极度压抑，人的本质被全面异化，人不知自己是谁、为何而活以及走向何方，人类的生存发展焦虑不断加剧，社会的对抗越发激烈。可见资本主义取代封建主义是历史的进步与必然，普遍交往和世界历史的形成也是人类的趋势，但资本主义背景下的普遍交往和"世界历史"

---

① 中共中央马克思恩格斯列宁斯大林著作编译局. 马克思恩格斯选集：第1卷［M］. 北京：人民出版社，2012：404.

并不是历史的终结。社会主义和共产主义需要找到新的普遍交往形式和新的世界历史互动方式，为实现人的自由全面发展、实现人类命运共同体提供支撑。

三、这一理论的意义与启示

1. 为倡导建立人类命运共同体提供了现实基础。人类命运共同体建立的前提有二：一是要形成人类共同利益。人类共同利益的形成依赖于人与物在世界范围内的流动与交往，形成你中有我、我中有你，一荣共荣、一损俱损的基本格局。今天，经济全球化和世界一体化的进程不可逆转，各民族、国家已经或主动或被动卷入其中，在经济、生态、稳定、安全等方面具有了真实的共同利益，追求共商、共建、共享的人类命运共同体理念有了实现的坚实基础。二要形成人类共同价值，这是人类实现共同追求和彼此理解的前提。但人类共同价值不会自发产生，而是要依赖于交往普遍化、文化全球化和世界历史化的进程来打破区域和民族的封闭状态，形成共同体基础上的共同意志。今天弘扬和平、发展、公平、正义、民主、自由的全人类共同价值已经成为人类共识，在这一背景下，人类命运共同体的建立因共同价值的形成而有了精神基础。

可见，没有普遍交往和世界历史的形成，就不会有共同利益与共同价值，也就不会有倡导建立人类命运共同体的现实基础。

2. 是把握人类发展基本趋势，理解今天的中国为什么依然坚持对外开放、依然要成为经济全球化积极参与者和推动者的理论支撑。今天的世界逆全球化、孤立主义、单边主义风起云涌，人们对全球化的合理性、必然性产生许多质疑。根本原因是当今世界的普遍交往和全球化更多源于资本逻辑的扩张，资本的集中性、侵略性、自我繁殖性导致世界的贫富差距加大、发展模式单一、精神文化同质化。为此必须对资本逻辑下的全球化治理体系和分配机制进行反思和调整，节制资本的无限扩张与恶性膨胀，重建国际经济政治秩序，使全球化的发展成果为人类共享。但同时又要看到建立于生产力发展和科技进步基础上的各民族和国家的普遍交往和世界历史的发展趋势并没有改变，各民族的开放互鉴、深度融合、互通有无依然是人类发展的基本趋势。因此我们要完善的是全球化的分配机制而不是抵制或违背全球化的发展趋势，孤立主义、单边主义和逆全球化的选择只会导致世界对立的进一步深化，并且必然失败。

3. 是理解无产阶级历史地位和历史使命的基本前提。无产阶级与其他阶级不同：一是其要解决普遍的不公正。普遍交往和世界历史虽然源于资产阶级的推动，但只有靠无产阶级才能实现。因为无产阶级没有自己的私利，不要求任何特殊的权力，是"一个并非市民社会阶级的市民社会阶级"，它要结束的不是特殊的不公正，而是普遍的不公正。这种普遍不公正的解决依赖于普遍交往以及世界历史的形成。二是无产阶级只有解放全人类才能使自己最终得到解放。没有普遍交往和世界历史的形成，个体弱小的无产阶级无法实现大联合，无法获取足够力量来改造世界、解放全人类。不理解普遍交往和世界历史理论，就无法理解无产阶级的使命。

普遍交往和世界历史理论是唯物史观的重要内容，是分析和把握当今世界的基本钥匙，是坚定中国特色社会主义理想和共产主义信仰的基本遵循。

专题二十三　为什么说科学技术是一把双刃剑

　　对于科学技术的两面性马克思曾有过精彩表达，一是科学是"历史的有力杠杆"，是"最高意义上的革命力量"①；二是科学技术有时"表现为异己的、敌对的和统治的力量""甚至科学的纯洁光辉仿佛也只能在愚昧无知的黑暗背景上闪耀"②。科学技术的两面性，在生活中也能随时感知：微信让我们有了更多的网络朋友，却稀释了我们的核心关系圈；微博和网络评论使人们有了更多表达的机会和平台，也使大家更易遭受网络暴力；机器解放了人的身体，又使人对其越发依赖；大数据实现了信息的精准投放，但给信息垄断和独裁提供了温床。接下来我们就围绕科技对生产、生活和思维的两面性展开探讨。

一、科技对生产的两面性

　　考察人类历史可以发现，科技进步带来分工变化，分工导致生产力、生产关系和上层建筑调整变革，这是人类社会发展的基本动力和重要逻辑。如铁器推动人类从奴隶社会的狩猎采集过渡到封建社会的农业生产；大机器使人类从封建的农业时代进入到资本主义的工业时代；互联网和人工智能促使人类从工业时代飞跃到信息时代等。传统社会，科

---

① 中共中央马克思恩格斯列宁斯大林著作编译局. 马克思恩格斯全集：第19卷［M］. 北京：人民出版社，1963：372.
② 中共中央马克思恩格斯列宁斯大林著作编译局. 马克思恩格斯文集：第2卷［M］. 北京：人民出版社，2009：580.

技的加持和赋能不够，人类创造财富的速度赶不上人口生产和繁衍的速度，贫困、饥饿、瘟疫、战争时刻威胁着人类生存，被视为人类"癌症"。现在，科技全面、深度融入其他生产力要素，提升人类能力，提高生产效率，财富以几何级甚至爆炸级的速度增长，人类第一次有了解决上述"癌症"的可能。如今天虽然仍有几亿人陷于饥饿，在某些地区仍会发生大规模饥荒，但更多是由政治因素而非生产因素所致。据统计，2010年饥饿和营养不良合计夺走了约100万人的生命，但肥胖却让300万人丧命。科技，使人类具有了消除绝对贫困、避免整体性生存危机的可能。同时，科技发展带来的生物医疗卫生的进步，使人类战胜病毒和传染病的能力大大加强。人类历史上的黑死病致死7500万~2亿、天花使得1.5亿人失去生命、1918—1919大流感造成5000万~1亿人死亡，今天人类还无法消除或完全战胜病毒，但能够较快认识病毒、应对病毒，上亿人的死亡很难再出现，科技是人类最终战胜病毒的强大武器。最后，科技使暴力战争的冲动不断被消解。科技发展使全球经济从资源型经济模式转为知识型经济模式，获取、创造财富与占有更多土地、资源的直接联系被削弱，以占有别国土地、资源为目的的战争冲动被抑制。当前虽然战争仍然存在，但其频率、烈度都在大幅度下降。远古社会，人类暴力导致的死亡人数占死亡总数的15%；20世纪，这一比例降为5%；21世纪初，降至约1%。这其中的根本改变是人类已不再把发动战争作为维护民族生存发展的根本动力，科技正在使人类逐步摆脱传统的生存主题，不断跃升到新的层次与阶段。更重要的是，科技还会进一步形塑我们的未来。随着生产力的不断发展，财富的快速积累，人类自由空闲时间的增加，劳动将成为人的第一需要，按需分配和人的自由全面发展将成为现实。可见，科技对生产方式的改造、提升、促进，是实现个体自由、社会和谐、人类解放的基础，积极作用明显。

与此同时，科技对人类发展的消极影响也日益显现：（1）科技越发展，生产的速度和生产力迭代的速度就越快，人们生活的节奏就越快，压力就越大。每一次科技进步，人们的社会生活就被"加速"一次，空间异化、物界异化、行动异化、时间异化、自我异化与社会异化就越发凸显。例如，由于技术和设备的更新速度令人目不暇接，人们稍有懈怠就可能成为某种"技术盲"或"设备盲"，即使不间断地学习、培训，也难免陷入"本领恐慌"，结构性失业和心态失衡更多出现；由于信息和知识的"病毒式增长"和即时传播，人们被包括短视频在内的各种消费性数据不间断轰炸，被各种经过智能算法筛选、推送的信息甚至广告和谣言所左右，人的自主性被剥夺；由于智能系统比工业机器的运转更快，要求更细致、更严格，员工的工作节奏越来越快，工作与生活之间的界限日益模糊，曾经的私人空间和闲情逸致被压榨得无迹可寻；由于经济和社会运转驶上快车道，财物与信息一样全球高速流动，流行疾病、群体骚乱、生态灾难等的跨地域扩散前所未有，以上各种因素叠加在一起，使得人们眼花缭乱、疲于应付，陷入紧张、焦虑、不安的情绪，却不知晓相关变化的意义、方向，无力掌控自己的命运。结果是人人害怕被淘汰，不敢有丝毫停歇，人类生活的自适性减弱。（2）科技本身的稀缺性，决定了经济发展越依赖科技，经济上的贫富差距会越大。随着科技的发展，生产力的飙升和总体经济规模的膨胀是大势所趋，但由于生产关系、上层建筑的变革相对滞后，资源、财富和权力日益集中到资本精英和技术精英手中。很多人一辈子挣的钱，没有某些人一天甚至一小时挣得多。更危险和可怕的是，原本"劳动创造了人"，人也是通过劳动"成为人"的，劳动是人的存在方式，是人的神圣权利，是人自我肯定、实现价值、维护尊严的本质性活动，是人本质力量的积极确认。然而，在正在到来的信息化、智能化时代，如果不进行相应的社会变革，放任资本与智能技术联姻，他们就会垄断社会的财富、权力、通道。"数字穷人"越来越多，人们逐渐被"拟人化"的智能系统所取代、排斥。智能化不仅剥夺了一部分劳动者的岗位、财富，使得劳动者丧失劳动的机会和价值，丧失生活的意义，让其存在变得虚无和荒谬，且正在吞噬人作为"劳动者"的根本，破坏他们相互依存的人际关系，颠覆传统社会存在和运行的基础，使得"天生我材必有用""劳动是幸福的源泉"之类的基本价值观受到前所未有的冲击。科技造成生产力与生产关系的紧张、对立、分隔是其消极作用不断呈现的根源。

二、科技对生活的两面性

科技对生活的积极作用，可以说一目了然。（1）科技使人们更多地突破地域和时空限制，促进人的思想和身体自由。在科技赋能下，人们可以坐着飞机全世界旅行；可以足不出户了解天下事；买衣服不用去商场，吃饭不用去饭店，和朋友聊天不一定非得见面；不用一辈子只待在一个地方，只获得一种知识和意识形态，只从事一种职业，只在自然圈层中去构建关系、展示才能。科技为人类实现迁徙自由、职业自由、交往自由提供了可能，使人类更好地突破了地域、圈层和知识限制，为人的完整性、全面性、丰富性的实现准备了条件。（2）有利于人类突破身体和智力限制，打破自然和宗教束缚。生理上，随着基因检测、生物工程、纳米技术、新型药物的出现和迭代，人类突破现有生理寿命极限（120岁）不再是梦想，甚至"长生"也变得可能；智力上，随着人机融合、人脑芯片技术的快速发展，未来人类将极有可能借助芯片和机器在短时期内获取、存储、处理海量信息，成为"智神"。这意味着人类不仅会在科技的助力下提升自己的物理能力，还能突破人类现有的寿命极限和学习感知事物的极限，从"人"变成"超人"。而一旦人类没有对死亡、灵魂、轮回的想象，没有对来世、天堂、彼岸的信仰，一切神秘主义、宗教主义将可能消亡，人类关于世界的认知、价值、信仰体系将重构。（3）有利于人类突破固化的等级和边界限制。科技带来资源、权力、机会的快速流动，使得去中心化、去权威化、去等级化成为当今时代的重要特征。今天的互联网和自媒体技术使得每个人都是记者、主播、编辑，每个人都有机会和平台去表达自己的声音、观点、看法，每个人都能对政府、权威、权力、道德进行监督，传统自上而下的"单向度"资源流动被"上下互动、上下互促、上下双向"的资源流动方式取代，传统社会的权力、信息、意识形态边界被打破、重塑，社会结构从金字塔型的科层制慢慢变成扁平制。如现在农村的孩子可以线上听清华大学教授的课，普通人可以在网上与总理面对面，某个网友的一条微博、一个视频就可以让某些官员身败名裂等都说明社会因为网络和信息技术的出现变得更加民主、公平和具有流动性。

与此同时，科技对人类生活的消极影响也随处可见。首先，科技越强大，对人类生活的宰制就越强，人的主体性、独立性就越弱。各种"技术沉溺"——手机成瘾、游戏成瘾、VR 体验成瘾、虚拟交往成瘾，以及基于智能算法推送而形成的网络购物成瘾、视频浏览成瘾不断出现。人们逐渐远离现实体验，亲近虚拟空间，传统的生活、交往方式被疏离、被抛弃。如手机越智能，人上网的时间就越长；手机越丰富，学生对课堂的感知越无趣；视频越好笑，书籍的阅读越难以忍受。"机不在手，魂都没有"，人变成了科技的奴隶，人被科技所异化。其次，科技使人类的核心人际关系不断被稀释。科技越发达，个体人际交往的空间就越大、范围就越广、形式就越丰富，陌生交往的比率就越高。但人的精力有限，当把时间精力更多用来取悦虚拟空间中的人与事时，就会忽视、疏离我们的核心关系圈，如亲子关系、夫妻关系、同事关系、同学关系等。这些核心关系圈与我们的现实利益、生存环境、情感能量紧密相连，其崩解会极大影响人们的获得感、安全感和幸福感。有研究表明，社交媒体使用越多的人，婚姻质量和幸福感越低，且越容易陷入婚姻关系困境和产生离婚的想法。在美国，"脸书"（Facebook）最流行和快速发展的几年中，正是其离婚率急剧升高的时候。中国民政部门的调查也发现，手机和电脑等上网工具，已成为影响"80 后"夫妻感情的"第一杀手"。在全国婚姻问题咨询的案例中，"80 后"婚姻危机的

3 成案例都由手机和网络引发，70%的婚外情都与网络有关①。科技成为影响当代社会人际关系、人伦关系的重要"凶手"。最后，大数据算法的发展，会使人失去自我选择能力。当代社会，人类的一切生活痕迹都会转化为数据。人们的购买、运动、搜索、爱好只要经过网络都会变成数据并被储存，这些数据会反映个体性格、爱好、习惯、工作、健康、癖好等。在未来，如果数据被某个政府或公司垄断，就意味着他了解个体的一切。比如某个人去公司应聘，公司根本不需和本人聊天、对本人进行面试，只需调出个人数据，跟他们的岗位一匹配，就直接选择了，信息专制出现，人失去选择的权利。科技在造福人类生活的同时也提出了更多挑战。

三、科技对思维的两面性

科技对生产方式和生活方式的改变必然会对人类思维产生重大影响。

1. 科技对人类思维的积极影响。科技对等级和门槛的突破，使得每个人可以更便捷、更平等地获得信息、资源和表达自己，消除中心、权威和垄断，促进民主、自由、人权、平等等现代观念的发展；科技带来的时空拓展，破除了人们思维的局限，使得开放、包容、互鉴成为主流价值。虽然当今世界依然存在着误解、对立、孤立等思想意识，但站在人类历史发展的角度看，今天世界各国以及不同群体之间的合作、交流、共享、理解远远超出了人类的任何时候，人类的共同价值、共享价值越来越多，其根本就是时空拓展所带来的人类共同意识和共同价值的增加。

2. 科技对人类思维的消极影响。对科技的盲目追求和崇拜，使科技成为新的宗教，成为许多人新的信仰。结果是：第一，不少人开始脱

---

① "80后"婚姻危机调查：70%婚外情都与网络有关 [EB/OL]. 重庆晨报，2015-04-24.

离人和人类的目的性、价值性去追求科技发展。如基因编程、杀伤力越来越大的武器、越来越先进的人工智能等。某些科技可能会直接威胁人类的生存和发展，给人类带来不可预测的系统性风险。第二，很多人没有认识到当下的科技本身也是有限的，把科技理性看作是绝对理性，把一切科技暂时无法解释的事件或现象都视之为错误或谬误，科技思维绝对化，禁锢了人的思想。如中医的许多疗法还不能被现代科技完全解释，许多人就认为中医都是骗人的；许多人认为科技会提供无限发展的机会，忽视自然和社会发展规律，失去对自然和世界的敬畏，生态环境危机、人类文明危机不断出现。第三，科技发展使人的不安全感增强。人的心理、认知往往需要较长时间的建构且人只有在心理、认知较为稳定的状态下才能获得安全感。但当今世界在科技加持下变化日益迅猛，上述条件难以实现，结果是人们不断感叹"不是我不明白，是这世界变化快"。当人总不明白的时候，就会陷于焦虑、惶恐，人类就难以获得幸福感。第四，主导意识形态面临的压力越来越大。主要表现在：科技的去中心化、去权威化，导致主导意识形态的建构困难；西方意识形态借助其强势的科技力量不断对我国进行渗透，"普世价值"大行其道，奴化、自我矮化和全盘西化思想影响深远；科技的去边界化，使得国家主权不断被侵蚀，爱国主义和民族精神遭受更多挑战。

综上，科学技术是一把双刃剑，要更好地利用科技的积极性，克服其消极性，就要坚持"关心人的本身，应当始终成为一切技术上奋斗的主要目标；关心怎样组织人的劳动和产品分配这样一些尚未解决的重大问题，用以保证我们科学思想的成果会造福于人类，而不致成为祸害"① 的基本理念。在发展科技的时候不能忘了人是目的，科技要为人服务，要坚持科技理性与价值理性的统一。

---

① 赵中立，许良英. 纪念爱因斯坦译文集［G］. 上海：上海科学技术出版社，1979：384.

专题二十四　马克思主义人民史观

　　历史唯物主义是马克思主义区别于以前一切哲学的根本，是其新世界观的主要内容。历史唯物主义认为，社会生产方式的发展、社会形态的更替、阶级斗争的开展、社会意识的进步等都是人民实践的结果，人民是历史的创造者。可见，唯物史观必然是人民史观。理解马克思主义不能不了解其唯物史观，把握唯物史观不能不了解其人民史观。

　　在马克思主义产生以前，社会上占统治地位的是唯心主义的英雄史观，它从社会意识决定社会存在的前提出发，夸大少数英雄人物的作用，否认人民群众的价值和意义，认为英雄创造历史。英雄史观有主观唯心主义和客观唯心主义两种表现形式，其中主观唯心主义英雄观主张唯意志论，认为历史进程是由少数英雄人物的意志、愿望、品格决定的，历史发展进程是英雄豪杰、帝王将相、天才人物思想的呈现。如梁启超认为"此若干人者心理之动进稍易其轨，而全部历史可以改观，恐不惟独裁式的社会为然，即德谟克拉西式的社会亦未始不然也"①；尼采强调历史由超人的意志决定；俄国沙皇时代的民粹派把群众看成是"群氓"，看成一个个的"零"，强调英雄人物才是实数；青年黑格尔派的鲍威尔等人认为推动历史发展的是那些具有"批判精神"的天才，群众则是精神空虚的、被动的、无生气的、惰性的存在，不仅不能推动

---

①　梁启超. 饮冰室合集·专集［M］. 北京：中华书局，1989：116.

历史发展，反而是历史前进的阻力等观点都是这一思想的体现。客观唯心主义英雄史观认为决定社会历史发展的不是个人意志，而是某种神秘的客观精神力量——如"绝对精神""上帝""神灵"等等，英雄人物则是这种精神力量的体现者和受托人。如黑格尔认为决定历史发展的是绝对观念、世界精神，宗教信仰者认为是上帝创造世界和历史都是这一观念的体现。客观唯心主义表面上把英雄人物和人民群众的作用都否定了，但本质上还是夸大英雄作用的唯心主义英雄史观。英雄史观产生的原因主要有三：（1）从认识根源看，人们往往只看事物表象，容易忽略表象背后的根源。在人类发展的很长一段时期，英雄总像电影、电视剧屏幕前的演员，总是在前台；人民则是幕后的导演、编剧、舞美等，总是在后台。虽然理性上大家知道，一部作品的好坏，主要取决于导演、编剧等幕后人物，但由于认识的表象性、表面性，人们记住的往往是演员（英雄），英雄史观自然形成。（2）从社会历史根源看，在传统社会里，英雄往往垄断着一个国家和社会的经济、政治、教育资源，人民难以获得上升通道、难以获得改变自己命运的机会，也就难以在历史的重要舞台和人类命运的转折点上走向前台进行自我展示，人们看到的都是英雄，英雄史观产生。但很多人忘了，英雄垄断的资源是人民创造的，没有人民，英雄就没有舞台也没有机会。（3）从阶级根源看，在阶级社会里，历史往往是统治阶级书写。梁启超先生曾指出："二十四史非史也，二十四姓之家谱而已。"[①] 这里的历史不是指客观历史，而是指书本、语言历史。以统治阶级为代表的少数英雄在书写历史时，夸大自己的功绩，抹杀人民的作用，就像马克思一针见血指出的"统治阶级的思想在每一时代都是占统治地位的思想"[②]，这是英雄史观产生的阶级根源。可见，英雄史观来源于认识的局限、资源的垄断和观念的

---

① 梁启超. 饮冰室合集·文集：第 1 册［M］. 北京：中华书局，1989：3.
② 中共中央马克思恩格斯列宁斯大林著作编译局. 马克思恩格斯选集：第 1 卷［M］. 北京：人民出版社，2012：178.

遮蔽，并不是真实、客观和科学的。

马克思主义唯物史观同英雄史观根本对立，它主张"人民，只有人民才是历史的创造者"。基本依据如下：（1）人民的需要、愿望决定着历史的趋势。生产力是社会发展的决定因素，人民群众则是社会物质财富的主要创造者、是社会生产力的体现者，这决定了人民的愿望、需求、合力和社会发展的趋势相一致。英雄创造历史的前提是顺应历史、顺应规律，顺应历史和规律在现实中的体现就是顺应和满足人民。能否顺应和满足人民的根本需要决定着英雄最终的成败。（2）英雄的资源、平台来自人民的创造。就像鲁迅先生说的："有一回拿破仑过阿尔庇斯山，说：'我比阿尔庇斯山还要高。'这何等英伟，然而不要忘记他后面跟着许多兵；倘没有兵，那只有被山那面的敌人捉住或者赶回，他的举动、言语，都离了英雄的界线，要归入疯子一类了。"[①] 从人类历史看，一方面人民群众是物质资料的直接生产者；另一方面是实践的主体，其生活和实践是一切精神财富的源头活水。（3）人民是社会变革的决定力量。生产关系的变革，社会制度的更替，最终取决于生产力的发展，但却不会随生产力的发展自发地实现或完成，而必须借助人民群众的力量。在阶级社会里，人民群众是被剥削、被压迫的大多数，是推翻落后制度、推动社会发展的决定力量。人类社会的每一次重大变革，其主力军都是人民群众。古罗马后期，持续了几十年的奴隶暴动沉重打击了那里的奴隶制，使罗马帝国灭亡并过渡到封建制；欧洲16世纪的德国宗教改革、17世纪至18世纪的英法资产阶级革命主力都是农民和城市平民；中国的新民主主义革命本质上也是人民革命。因此要反对英雄史观，坚定人民史观。特别是在社会结构日益扁平化、社会资源流动日益多元化、社会信息传播日益去中心化的网络时代和新媒体时代，人民群众的作用更加凸显。这是因为：（1）少数英

---

① 鲁迅. 鲁迅全集：第一卷［M］. 北京：人民文学出版社，2005：153.

雄难以再完全垄断资源、通道和话语权。新媒体时代，每个人都是记者、编辑、主播，都是电视、报纸和电台，人人皆可记录、发声、阐释，英雄的利益、观点、意见不再唯一，人民群众的意见、观点可以更多被听见、被尊重。（2）在人人皆可记录的时代，人民群众可以更深入地参与、监督社会的政治经济生活，"英雄"难以再进行大规模的"幕后交易""暗箱操作"，人民群众的影响得以拓展。（3）通过网络人民群众可以更好地汇聚、团结，产生合力，形成集体力量，提升群体议价能力和话语能力。如因为网民的关注，许多的贪官污吏被发现、被检举、被审查，许多的社会不公被公开、被曝光、被纠正。更重要的是，在新时代，个体的意见建议，在网络中随时可能被党和政府采纳，变成国家方针政策的重要组成部分。如每年的两会期间都有一个环节，叫"我有问题问总理"，总理和政府直接倾听网民意见、吸纳网民建议。习近平总书记也明确要求："各级党政机关和领导干部要学会通过网络走群众路线，经常上网看看，潜潜水、聊聊天、发发声，了解群众所思所愿，收集好想法好建议，积极回应网民关切、解疑释惑。"① 可见，这不仅是一个需要每个人去担当历史使命的时代，也是一个每个人可以担负、能够担负、最好担负的时代，是一个人人皆可出彩、皆可为英雄的时代。我们还有什么理由不去奋斗？让我们摆脱佛系，心怀家国吧！

人民群众是历史发展的决定力量，要反对英雄史观。那能因此否认英雄的价值吗？不能。人民群众创造历史，但并不能随心所欲地创造历史，而要受到一定经济、政治、文化条件的制约。在种种约束条件下，人民群众可能会在某一时刻、某一阶段陷入集体的无意识，表现出集体的冷漠麻木、疯狂极端或短视功利。如1860年英法联军进入北京城时，

---

① 中共中央党史和文献研究院，中央"不忘初心、牢记使命"主题教育领导小组办公室.习近平关于"不忘初心、牢记使命"论述摘编 [G].北京：党建读物出版社，中央文献出版社，2019：137.

不少清军士兵夹道跪迎，居民观者如潮。现在的网络世界里，大量的网民可以在不了解真相、背景和原委的情况下就指责、批判、侮辱和攻击他人，也可以在舆论的煽动下，跟风点赞、膜拜和造神。再比如在当今世界有愈演愈烈之势的民粹主义、单边主义、种族主义、狭隘的民族主义也与普通民众的支持有关。生活就像一个"提问者"，每一个身临其境的人都不得不成为它的"回答者"，在某些境地中，有些人不辨良莠，自甘沉沦；有些人心若死水，冷漠无情；而有些人则勇往直前，成为楷模。英雄是这样的楷模，他不仅为自己的人生选定意义，也给他人的社会行为提供道德标准。英雄为自己而生，也为世人而生，在历史的喧嚣中人民往往需要英雄的引领。就像习近平总书记强调的"一个有希望的民族不能没有英雄，一个有前途的国家不能没有先锋"①。邓小平也指出，如果没有毛泽东同志多次从危机中挽救中国革命，我们党和人民可能还要在黑暗中摸索更长时间。同样，没有邓小平同志，中国的改革开放可能还要来得更晚一些。中国共产党成立以来的百年历史，其就是整个中华民族的先锋与英雄。在中华民族最危难、人民最恐惧的时候，冲锋在前、将人民护在身后，给予人民以希望和勇气，中华民族因此不惧任何风险与挑战。可见，英雄及英雄群体对一个国家和民族的发展至关重要，历史唯物主义者反对英雄史观，但不否认英雄的作用。

这一原理的方法论启示。第一，人民的合力决定历史的总进程和总方向，因此要维护好人民的整体利益。马克思主义之所以要推翻资本主义、建立社会主义，是因为资本主义一方面为少数人生产宫殿，一方面却为大多数人生产贫民窟。实现最广大人民的根本利益，解放无产阶级和全人类，是社会主义区别于资本主义的根本标志，是社会主义优越性的重要体现。

---

① 习近平在纪念中国人民抗日战争暨世界反法西斯战争胜利 70 周年系列活动上的讲话［M］. 北京：人民出版社，2015：19.

第二，尊重并保护个体合法利益。人民是由个体所构成的，没有个体利益的保障，就没有集体利益的实现。思考：传统社会的民本思想和中国共产党人的"以人为本"有什么区别？在中国的传统社会里，我们有过很好的民本思想，如"民为邦本、本固邦宁""民为贵、社稷次之、君为轻"等。但最终民本没有实现，君本却不断牢固，一个重要原因是所有统治者都以代表人民的利益自居，不断用维护大多数人利益的名义剥夺个体的合法利益和诉求，使个体利益一步步被侵蚀、侵犯，民本沦为空谈。共产党人坚持"以人为本"，一方面要求维护、实现好最广大人民的根本利益；另一方面也要保障好、维护好每个个体的合法权利。"中国梦不仅是国家梦，还是每一个人的梦""全面小康一个也不能少"等都深刻体现了这一思想。

第三，要形成崇尚英雄、捍卫英雄、学习英雄、关爱英雄的社会氛围和良好风气。只有英雄得到尊重、认可、关爱，向上的社会正能量才能形成，才会人人奋勇。为此，我们一要反对历史虚无主义之下丑化、诋毁英雄的行为。如很多人恶毒攻击毛泽东、刘胡兰、邱少云、董存瑞等英雄人物，并以此来解构中国革命的必要性、进步性和正确性，为否定党的领导、社会主义制度提供依据。为此我们国家出台了《中华人民共和国英雄烈士保护法》，对这些历史虚无主义坚决说不，维护国家和民族核心价值。二要避免功利主义的英雄观。不要成功的时候就万人捧、失败了就万人踩，不要让李宁、刘翔这些英雄人物在失意后被攻击的例子再次上演，不要让英雄流血又流泪，冷了热血、凉了心肠。我们要明白美人必然会老去、英雄必然会迟暮，要形成允许失败、包容失败、接纳失败的社会机制和心理，只有这样，后来者才愿意、才敢成为英雄，一个人人争当英雄和先锋的社会氛围才能形成。

最后希望每个人都能相信即使我们微小如尘埃，但在社会主义中国，在网络化的时代，只要你的观点、利益、行为代表了人民的追求和利益，你也可能会在某一天成为这个民族的英雄，成为天上最亮的那颗星，让我们相信自己的力量！如果暂时我们还没有能力和勇气成为先锋与英雄，请让我们为那些正在推动、促进、引领这个国家和社会发展的英雄鼓掌、呐喊，让他们永不孤单、心寒，让更多的人成为英雄。这样，中华民族复兴的昂扬精神、奋斗精神、攻坚克难精神才能建立，中华民族的伟大复兴才能早日实现！

专题二十五　如何理解当代资本主义劳资关系变化及其实质

马克思、恩格斯在《共产党宣言》中指出，"至今一切社会的（有文字记载）历史都是阶级斗争的历史"①，"资产阶级时代，却有一个特点：它使阶级对立简单化了。整个社会日益分裂为两大敌对的阵营，分裂为两大相互直接对立的阶级：资产阶级和无产阶级"②。马克思主义的最终使命是消灭阶级剥削、阶级对立，实现人的自由平等。而阶级关系在资本主义社会的主要表现就是劳资关系，劳资关系是贯穿资本主义社会过程始终的基本社会关系，是解剖资本主义社会的重要钥匙。第二次世界大战后，随着第三次科技革命浪潮的不断推进以及第四次科技革命浪潮的到来，员工持股、数字经济、福利国家的出现对资本主义劳资关系产生了深刻影响，使得资本主义的阶级现状及未来呈现新的特点。

一、员工持股的推进

员工持股也称员工股份所有制，是指员工通过购买企业部分股票（或股权）成为公司股东，并获得相应分红的一种制度安排。职工持

---

① 中共中央马克思恩格斯列宁斯大林著作编译局. 马克思恩格斯选集：第 1 卷 ［M］. 北京：人民出版社，2012：400.
② 中共中央马克思恩格斯列宁斯大林著作编译局. 马克思恩格斯选集：第 1 卷 ［M］. 北京：人民出版社，2012：401.

股，是当代资本主义新变化的重要体现。以美国为例，美国员工持股计划自1974年获得官方认可，发展已有40多年。2014年美国综合社会调查数据显示，大约有2290万美国人（占私人部门劳动力的19.5%）通过员工持股、股票购买计划等方式拥有企业股票，且这一比例还在不断提高。同时，持股员工中表示上一年被解雇的仅有1.3%，而非持股员工中则有9.5%的人表示上一年被解雇①。可见，职工持股在一定程度上缓和了资本主义的劳资关系，维护了劳动者的利益。

思考1：为什么在追求利润最大化的资本主义生产方式里，资本家要推动员工持股，与员工分享利润？这是因为，第一，员工持股有利于推动资本主义生产力的发展和企业生产。资本主义生产力和企业发展需要激励更多要素投入生产，提升生产效率。员工持股一方面使企业有较为方便的融资渠道，获得更多资金支持，更好扩大再生产；一方面可以更好激发员工积极性，防止职工罢工、消极怠工的出现，提升企业人力资本，促进企业发展。第二，员工持股可以在一定程度上控制日益尖锐的劳资矛盾和不断扩大的贫富差距。在传统的资本家私人所有制的企业里，剩余价值必然分成对立的工资和利润两大部分，资本家拿得多，工人就拿得少，反之亦然。资产阶级和无产阶级利益根本对立，资本家的富有与劳动者的贫穷形成鲜明对照。贫富差距大、劳资关系紧张，社会和企业动荡不安，生产难以持续推进。员工持股的推行与发展，使员工成为企业股东的一部分，能够从利润中获得部分分红，有利于提升劳动者的经济待遇，弥合与资产阶级在利益上的根本对立，维护资本主义社会和企业的稳定。第三，员工持股有利于分散企业经营风险。有些大的企业实行员工持股的目的并不是为了激励员工，而是想以股票来替代工资为企业保存资金，或者是利用员工持股来反收购，减少其风险，维护

---

① 李政，艾尼瓦尔. 美国员工持股计划及其对我国国企改革的启示［J］. 当代经济研究，2016（9）：73-74.

其利益。资本主义员工持股制度的推进，在一定程度上有利于资本主义生产力的发展和社会稳定，缓和了其劳资关系并让部分劳动者能更好共享经济发展成果。这些积极因素，对社会主义的中国也适用，因此员工持股虽然在中国历经曲折，但最终被中国政府和越来越多的企业所接受。十八届三中全会通过的《中共中央关于全面深化改革若干重大问题的决定》中就明确提出："允许混合所有制经济实行企业员工持股，形成资本所有者和劳动者利益共同体。"2015 年 9 月发布的《中共中央、国务院关于深化国有企业改革的指导意见》中提道："通过实行员工持股建立激励约束长效机制。"其后又出台了《关于国有控股混合所有制企业开展员工持股试点的意见》《国有科技型企业股权和分红激励暂行办法》《关于扩大国有科技型企业股权和分红激励暂行办法实施范围等有关事项的通知》等重要文件，国有企业重启员工持股制度并上升为国企改革的重要举措，充分体现了中央对员工持股制度的高度关注和肯定。

思考 2：社会主义和资本主义的员工持股在本质上一样吗？两者在本质上根本不同。社会主义的员工持股在公有制为主体的情况下，是实现利益共享和共同富裕的重要途径。资本主义的员工持股由于并没有触动资本主义私有制的根基，且会不断强化私有制，并不能从根本上解决贫富差距问题，也不能真正保证资本主义社会和企业的稳定长远发展。据美国联邦储备委员会发布的美国财富分布情况报告显示，截至 2021 年第二季度，收入最高的 1%的美国家庭总净资产为 36.2 万亿美元，自 1989 年有数据统计以来，首次超过占总数 60%的中等收入家庭的总净资产（35.7 万亿美元）。加州大学伯克利分校经济学家伊曼纽尔·赛斯分析的数据也显示，美国最富有的 10%的人拥有的平均收入是其余 90%人口的 9 倍多，最富有的 1%人口的平均收入则是这 90%人口的 39 倍以上，最富有的 0.1%人口的平均收入可达这 90%人口的 196 倍以上。哈佛大学经济学家弗曼也发现，从 1943 年到 1973 年，普通家庭大约每

23年收入就会翻一番，但根据过去近50年的数据推算，未来普通家庭收入翻番所需的时间可能延长至100年。还有数据显示，10年前美国中等收入家庭拥有超过44%的房地产资产，现在这一数据降至38%①。可见，资本主义的员工持股，并没有使劳动者受剥削和奴役的命运得到改变，资本主义的基本矛盾没有消除，资本主义必然灭亡的命运不会改变。

二、数字经济的发展

生产力及其发展是客观中性的，但不同的生产工具与不同的"社会使用形式"相结合便会形成不同的社会生产方式，并作用于特定的生产关系，产生不同的结果。近年来，随着数字经济的产生和发展，资本主义的生产关系、劳资关系发生深刻变化，理解这一点，是认识当代资本主义的题中之义。

1. 数字经济时代的劳动组织形式在一定程度上缓和了劳资冲突。首先，数字经济能在一定程度上遏制生产相对过剩，缓和资本主义矛盾。传统制造业以自身的产能为出发点，容易造成对消费者需求的忽视，导致生产过剩。数字技术使企业内部实现了企业资源计划、制造执行系统和客户关系管理的集成协同，并与电商大数据相对接，设备之间、工序之间、工厂之间、市场和工厂之间的联网轻而易举，市场需求、生产、物流数据可以非常便捷地在市场主体之间流动。制造业不再以制造端的生产力需求为起点，而是以用户端需求作为整个产业链的出发点，改变了以往工业价值链从生产端向消费端、上游向下游推动的模式，在一定程度上有利于遏制生产过剩的趋势。其次，数字经济通过加强劳动过程中的劳资合作与劳动协作在一定程度上缓和了劳资冲突。数字经济时代较为普遍的组织形式是"云端制"，即"大平台+小前端"

① 张梦旭. 美国贫富差距持续扩大 [N]. 人民日报, 2021-10-19 (17).

的形式。如苹果平台（海量 APP+海量用户）、谷歌平台（海量网站和广告主+海量用户）、优步平台（海量司机+海量乘客）等。这种社会化、规模化的分工与协作体系将数字资本与数字劳动紧密地结合在一起，具有较强的将劳资矛盾转化为劳资双方合作的能力。同时，劳动资料的数字化进一步加强了劳动过程中的劳动协作，多部门多领域的合作以及扁平化的管理方式，促进劳动者之间的联合并改善劳动与资本的关系。

2. 数字经济下，劳资关系的不稳定性凸显。马克思认为，劳动过程就是借助劳动工具将劳动者的劳动力运用到劳动对象身上对劳动对象加以改造从而生产出劳动产品的过程。劳动资料原本只是劳动者延伸的器官，掌握劳动资料的能力取决于单个劳动者在劳动过程中付出的活劳动，活劳动是价值的唯一源泉。但随着数字经济的推进，数据、流量本身似乎就能产生利润，活劳动附着在大数据产品上或数据本身上，居于从属地位。正像马克思所说的："人的东西成为动物的东西。"资本力量增强，必然增加劳资关系的不稳定性。主要表现为：第一，新的就业形态的不稳定。数字经济背景下，特别是网络经济和平台经济的融合发展为劳动者提供了一种新型工作方式——零工经济，劳动者可以根据自身的工作能力和偏好自由选择创业或兼职工作。但考虑到零工经济的最大特征就在于临时性和不可靠性，由此会增加劳资关系的不稳定性。第二，导致结构性失业和跨边界竞争。数字经济的发展会对传统行业造成巨大冲击，容易出现大规模结构性失业，冲击劳资关系稳定性。同时，数字经济时代的跨界竞争加剧，导致企业的生存稳定性下降，雇佣关系的脆弱性加强。第三，劳动和闲暇的时空边界模糊，资本逻辑控制着劳动者的整个生活。一般来说，数字劳动并没有特定的劳动时间和劳动场所。劳动在时间上是分散的，不仅可以在传统的朝九晚五工作之外的空隙时间，也可以在周末或假日。劳动在空间上也是分散的，可以在私人住宅、图书馆、咖啡馆甚至是交通工具上进行，使得劳动和闲暇的边界、工作和生活的区分越来越模糊，劳动者所感受到的压力与挫折感也与日俱增。可见，不限时间和地点的数字劳动只是一种表面上的自由，这一"自由"不过是一种新的奴役机制。劳动者开始认识到这一点并提出"反控制"的抗议，如反对"996"工作制等，劳资关系容易陷于紧张。

3. 劳动资料的数字化使劳动收入与资本收入的差距扩大。劳动资料的数字化导致劳动力相对过剩和资本有机构成提高，资本的聚集度增强，劳动收入和资本收入的差距不断扩大。大量研究表明，美国等主要资本主义国家的劳动收入份额下降已经是一个不争的事实，资本主义生产体系和劳动过程数字化的最大受益者是数字资本和智力的提供者——投资人和创新者。更为可怕的是数字化的扩张不仅使劳动收入与资本收入的差距扩大，而且由于它造成了从事复杂技术劳动的劳动者和从事简单劳动的劳动者之间的分化，也导致劳动者内部的分化和资本主义社会阶级格局的变动，阻碍全部劳动者形成一个统一的集体，削弱劳动者集体谈判的能力，使数字经济下劳动者越发居于弱势地位。

可见，数字经济的产生与发展虽然在组织形式上使得劳资之间的关系出现一定的缓解，但由于其核心逻辑是强化资本力量、削弱劳动力量，基本趋势是财富的进一步集中。因此数字经济不可能解决资本主义的劳资矛盾，而会进一步孕育并激化其矛盾。

三、福利保障制度的建立

英国史学家布里格斯认为"福利国家"是有意识地通过政治和管理方式减少市场力量发生作用的范围，为社会提供公共福利与保障的国家。福利国家至少在以下三方面发挥作用：第一，保证个人和家庭的最低收入，而不管他们财产的市场价值如何；第二，使个人和家庭能够应付"社会意外事件"（如生病、年老和失业），降低风险，缓解个人和家庭面临的危机；第三，保证在一定范围内向所有公民提供所能得到的最好公共服务，不管他们的地位和阶层如何。艾斯平·安德森在《福利资本主义的三个世界》一书中指出福利国家必须包括社会权利的授予，并指出这种权利带有非商品化的性质。非商品化是指公民在必要时可以自由地选择不工作，而无须担心失去工作、收入降低和一般福利的消失①。

福利国家的建立最早可以追溯到德国首相俾斯麦在19世纪80年代社会改革中引入的全面社会保险计划。第二次世界大战后，资本主义面临着经济萧条、民生凋敝、政治动荡、社会矛盾爆发等现实问题，出于缓和阶级矛盾、维护社会稳定、促进资本积累、推动资本主义发展的需要，北欧及欧洲大陆的一些国家在战争废墟上建立起"从摇篮到坟墓"的福利资本主义制度，并逐步扩展到整个资本主义世界。1948年英国工党政府率先宣布英国建成"福利国家"，20世纪60年代，法国、西德、意大利、荷兰、比利时、瑞士、挪威、芬兰、丹麦、冰岛等相继宣称本国为"福利国家"。即使那些宣称并非福利国家的政治体，也深受福利政策与理念的影响，不可避免地走上了发展福利政治的道路（如美国）。福利国家的建立，为劳动者提供了相对稳定且覆盖较广的社会保障，避免了劳动者的生活陷入绝境，保障了社会的基本消费，在一定时期一定程度上缓解了资本主义社会的阶级矛盾和劳资关系，促进了资本主义社会的稳定和经济的持续发展。但我们也要看到，资本主义福利国家或福利社会是建立于两个基本条件之上的：一是二战后至20世纪70年代，资本主义经济整体处于持续增长状态。失业率较低、老龄化程度较低、人口流动较少、人们对福利保障的要求不高，国家财政能够支撑福利体系的支出；二是在国际经济竞争中发达资本主义处于优势地位，能够在世界市场上获取超额利润，以满足国内的社会福利需求。福利国家在某种程度上成为某些发达国家的狭隘特权，得益于发达资本主

---

① ［丹麦］艾斯平-安德森. 福利资本主义的三个世界［M］. 郑秉文，译. 北京：法律出版社，2003：78.

义国家对殖民地的经济掠夺以及全球化过程中对全球的剥削。这种模式从一开始就缺乏可持续性：一是一旦经济危机持续较长时间或在短时间内遭遇大规模科技替代，失业率上升，国家税收下降，而人们对福利的需求增加，该模式就会遭遇挑战；二是随着现代化的推进，人口的老龄化、社会的不婚率以及自由就业率都会上升，税源减少而支出增加，福利体系必然承压；三是西方的选举民主模式，促使各政党为了选票不断提升福利待遇水平，支出与收入逐渐失衡，许多国家陷入福利陷阱；四是随着金融资本主义的兴起并占据主导，就业岗位和税源（金融资本仅仅分配财富而不创造财富且极容易通过全球转移来规避纳税）都会遭遇重大影响；五是随着新兴国家的崛起以及世界民主化的推进，发达国家站在产业链顶端剥削全球的时代也会遭遇更多挑战。而客观发展的趋势是，上述所有现象，在今天的发达资本主义国家都已或多或少地出现：经济增长乏力、社会活力不足、贫富差距扩大、债务问题爆发、阶级和种族矛盾尖锐，劳动者的贫困问题、失业问题、单向度发展问题成为发达资本主义国家的顽疾。

可见，形式上的"国家回归"没有改变资本主义的生产关系，也无法消除资本主义社会的根本矛盾和经济危机。福利国家或福利社会的建立，并没有出现有些资本主义学者认为的"资本主义将成为人类社会发展模式的历史性终结"。马克思关于阶级分化对立的批判以及资本主义矛盾危机的判断和预言依然正确。

资本主义生产方式和资产阶级对资本主义劳资关系的调整在一定程度上缓和了阶级矛盾、推动了生产发展，这是资本主义在今天依然具有生命力的重要原因。但无论是员工持股、数字经济还是福利政策，都不能遏制私人资本的恶性膨胀与无序扩张，都不能缩小贫富差距，都不能消灭阶级对立，都不能让劳动者获得生存发展保障。资本主义劳资关系的本质依然是无产阶级和资产阶级的对立，资本主义必然灭亡的趋势不会改变。

190

专题二十六 马克思主义自由观 及其现实启示

在马克思主义经典作家和领导人的思想中有大量关于自由的论述。共产主义"是通过人并且为了人而对人的本质的真正占有","人类的特性恰恰是自由的自觉的活动","自由是全部精神存在的类的本质"①，未来的社会将"以自由的联合的劳动条件去代替劳动受奴役的生产条件"，这个社会是由"自由结合的人"构成的，它的基本单位是"自由人联合体"，社会主义制度将"给所有的人提供真正的充分的自由"，在这个社会里，人将"成为自己本身的主人——自由的人"，"代替那存在着阶级和阶级对立的资产阶级旧社会的，将是这样一个联合体，在那里，每个人的自由发展是一切人的自由发展的条件"②。可见，在马克思主义的视野中，自由不仅是认识论问题，还是实践论和价值论问题。实现每个人自由发展基础上的一切人的自由全面发展，是马克思主义区别于其他一切阶级理论的根本，也是实现共产主义的必然要求。那什么是自由？马克思主义自由观的特点是什么？人类如何实现自由状态？

---

① ［德］马克思. 1844 年经济学哲学手稿［M］. 中共中央马克思恩格斯列宁斯大林著作编译局，译. 北京：人民出版社，2000：81-85.

② 中共中央马克思恩格斯列宁斯大林著作编译局. 马克思恩格斯选集：第 1 卷［M］. 北京：人民出版社，2012：422.

一、什么是自由

自由就一般意义而言是指摆脱外在力量限制的自觉。人外在力量的限制在于客观的必然性，即不依赖于人的意识而存在的客观现实及其发展规律。这样一种客观必然性对人的存在和活动具有约束性、强制性。人追求自由，不能超越或消除这种客观必然性的约束，必然性是人自由自觉活动的前提和基础，不存在绝对自由，不存在唯我论和唯意志论下的"随心所欲"。唯心主义自由观，不尊重自然、社会和思维发展规律，在实践中必然会不断被惩罚，处处碰壁，陷入真正的不自由。现实生活中的无政府主义者、极端个人主义者、道德虚无主义都是唯心主义自由观的体现。如有些年轻人不懂得真正的自由要通过努力来获取、在实践中创造，放纵自己、无所事事，最终必然会被生活惩罚，在人生中受到更多约束。同时，人虽然受到外在必然性的制约，但并不意味着人面对客观必然性无能为力，只能消极地顺从与屈服，如霍尔巴赫就认为"人在他的一生中没有一刻是自由的"[①]，这种观点没有看到人可以认识必然，在实践中掌握必然、利用必然，否定自由存在的可能，失去追求自由的积极性和动力，陷入消极宿命论。上述两种自由观没有正确看待、处理自由与必然的关系，陷入消极无为或者陷入唯心窠臼。夸大客体或主体的作用，都是错误的。

马克思主义自由观克服了上述两种自由观的片面性和错误性。认为人既受必然性的限制又能运用自己的主体能力、实践力量去认识、掌握必然，强调真正的"自由是对必然的认识和对客观世界的改造"[②]，人只有认识必然，并通过实践和劳动创造了实现自由的条件，才能获得真正的自由。如一个人越努力，对必然的认识越深刻，越容易成功，也就

---

① [法] 霍尔巴赫. 自然的体系：上册 [M]. 管士滨，译. 北京：商务印书馆，1964：177.

② 毛泽东. 毛泽东著作选读：下册 [M]. 北京：人民出版社，1986：833.

越有可能实现自己的自由。一个国家对经济发展规律把握越到位、生产力水平越发达、综合国力越强，这个国家就越有可能实现自身和民众的自由。可见，真正的自由是对必然的把握和实践的深化，自由需要条件又能够利用一定条件改变现有条件。

二、马克思主义自由观的特点

1. 自由是具体的、历史的。一是自由的实现来自认识和实践的深化，而认识必然、深化实践需要一个过程。如马克思从认识深化与实践发展的角度曾将人的自由发展进程划分为人的依赖性、物的依赖性、自由而全面发展三个阶段。再如发达国家和发展中国家的人们都追求自由，但由于两者的发展阶段不同，实现自由的条件有所差异，因此不能用发达国家在某些领域的自由水平来简单要求发展中国家的政府，否则很容易因为现实与期望的不一致，导致发展中国家的动荡。同样，不同年龄不同阶段的人，对自由的理解、实现自由的条件也是不一样的，我们不能要求刚毕业的学生与已经工作几十年的中年人达到同样的消费自由或财富自由。二是在不同的历史文化、历史背景和历史阶段下，人们对自由内容的追求是不一样的。对没有满足生存需求的个体和民族来说，吃饱穿暖就是最真实的自由；对生存已解决的个体或民族来说，实现个体价值或获取尊重可能是最大自由。对秉持个人主义价值观的群体来说，维护个体自由是优先选择；对于秉持集体主义价值观的群体讲，实现群体自由才是根本追求。可见，由于自由的条件性，决定了不存在超阶级、超历史、超民族的抽象自由观，要反对西方普世价值思维下对自由的单一化或绝对化理解。

2. 自由是相对的不是绝对的。从理论看，自由是具体、感性、历史的，任何一个时代人们对必然性的认识和对世界的改造总是有限的，这决定了人的现实自由总要受到规律和条件的限制，自由是相对的、不是绝对的。如对人脑的运行规律、市场经济的发展规律、党的执政规律的认识在每一阶段都是有限的。从实践看，自由在现实性上表现为不能损害他人、集体的利益。由于人与人、人与社会相互交融、影响和制约，如果某个人或某个群体的自由绝对化、不受限制，必然会侵犯、损害他人或集体利益。如言论自由的绝对化，会导致语言的暴力和伤害；私有产权的绝对化，会导致贫困的普遍化和贫富差距的扩大；个体权利的绝对化，会导致无政府主义的泛滥；道德的绝对化，会导致道德绑架等。可见，不管是从理论还是现实看，自由都是相对的、有边界的。绝对自由会导致绝对无序，损害真正自由的实现。

3. 自由包含个体自由与集体自由。强调个人自由先于集体自由，并将个体自由与集体自由对立，是西方自由观的基本特点。一是西方文化和价值的重要起源地是古希腊。古希腊人早期从事的商业贸易决定了他们要更多去到陌生环境开拓市场。陌生环境需要个人管理、个人选择、个人负责，个体自由的取向就得以慢慢建立。二是在宗教否定尘世、追求来世的信仰下，西方人建立起一种自我与他人、尘世与天堂、人民与政府、肉体与灵魂的二元对立思维，自由观上就表现为将个体自由与集体自由相对立。三是近代以前的西方，长时间被宗教的神圣和绝对观念所控制、统治，只有"神本"没有"人本"，个体自由长期缺乏，使得文艺复兴和启蒙运动后西方社会对维护个体自由有着本能的偏执，并进而在"自然法"和复兴古典价值的理念下将个体自由确立为"天赋人权"并绝对化。四是资本主义社会建立后，资产阶级为了维护自身利益和保障个体财富，使自己享受的自由不受约束，将个人自由绝对化。可见，个体自由的优先性、绝对性是西方文化和历史的产物，是资产阶级意识的体现。马克思主义自由观与此不同，一是其出发点是解放无产阶级、解放全人类，无产阶级由于个体力量弱小，必须通过集体团结、集体自由才能实现推翻旧世界、建立新世界的目标。因此马克思主义的自由观是个体自由与集体自由的统一。二是马克思主义强调人的本质在现实性上是一切社会关系的总和，明确现实世界并不存在真正孤立、单独的个体。如我们一出生就在某一社区、家庭、民族中，受集体制约，脱离集体谈个体必然陷入唯心主义窠臼。马克思主义从历史唯物主义出发，确立了集体主义的基本原则。早在 19 世纪，法国的马克思主义者保尔·拉法格就曾提出：集体主义是共产主义的同义词。在《德意志意识形态》中，马克思、恩格斯也明确提出："只有在共同体中，个人才能获得全面发展其才能的手段，也就是说，只有在共同体中才可能有个人自由。"① 马克思主义来到中国以后，针对中国国情和社会主义革命与建设的基本要求，毛泽东多次强调集体主义的重要性，集体主义与社会主义的相通性。在《中国共产党第七次全国代表大会上的结论》一文中，其指出："马克思讲的独立性和个性，也是有两种，有革命的独立性和个性，有反动的独立性和个性。而一致的行动，一致的意见，集体主义，就是党性。"② 三是中国化的马克思主义是马克思主义基本原理与中国具体国情、中华优秀传统文化相结合的产物。中国传统文化的基本价值取向是集体主义，这使得中国化的马克思主义必然内含集体主义的自由观。可见，马克思主义并没有将个体自由优先化、绝对化，它要实现的是个体和集体都充分发展的自由，是个体自由与集体自由相互依赖、相互成就、相互统一的自由。

4. 自由包含认识自由与改造自由。马克思主义的自由观除了上述特点外，还具有全面性和实践性两大特点。从全面性上看，马克思主义认为自由至少包含三个层次：认识改造自然界、认识改造人类社会、认识改造人类思维。自然是人类面对的第一个重要对象。原始社会时期，自然给人的认知与实践造成重大困扰，人类对神秘的自然充满恐惧和敬畏，依附于自然，基本无自由可言。随着人类认识和实践能力的发展，人类实现了从原始社会的依附自然、农业社会的依赖自然、工业文明的

① 中共中央马克思恩格斯列宁斯大林著作编译局. 马克思恩格斯选集：第 1 卷 [M]. 北京：人民出版社，2012：199.
② 毛泽东. 毛泽东文集：第三卷 [M]. 北京：人民出版社，1996：417.

控制自然到生态文明人与自然和谐相处的转变。总体来看，人对自然规律的认识不断深化，对自然界的改造与利用不断合理，人面对自然所获得的自由更加充分。其次，人总是处于一定的社会关系中，总是受到社会条件与环境的制约。如无产阶级在资本主义社会被剥削、被压迫的处境，不是因为他们不努力、没有创造价值与财富，而是被资本主义制度和意识形态所剥夺；同样，有些国家人民相对自由，有些国家人民更多受到奴役，也与社会制度与环境紧密相连。人们只有认识社会才能更好地改造社会，才能为实现自由提供基本保障。最后，人对主观世界的认识与改造是人更好地认识与改造客观世界的前提，没有人类对思维特点和规律的把握，人就无法正确地反映和改造世界。可见，自由的本质是要在认识的基础上更好地改造自然、社会、思维，促进人与自然、人与社会、人与思维的和谐统一，以实现全面自由。从实践性上看，马克思主义认为自由是在实践基础上现实向理想的不断运动，自由不仅是一种观念的存在，更是在实践中对必然的改造和利用，离开实践根本不会有人的自由问题。明确实践是自由的源泉、是自由实现的现实基础、是自由的本质确证，因此绝不能离开实践而考察人的自由，投身于变革自然和社会的实践，是人们获得自由的根本途径，也是唯一途径。

三、从必然王国飞跃到自由王国要处理好的三大关系

1. 要处理好自由本质与自由条件的关系。自由的本质是对必然的认识和对客观世界的改造，是人类共同价值的一部分。与此不同，自由的条件却是具体的、历史的，人们渴望的自由内容和实现自由的具体方式是有差异的。要尊重不同民族、不同发展阶段和不同文化下人们对自由的理解以及实现自由方式的多样性和丰富性。我们既不能用自由本质的确定性去否定自由内容和条件的多样性，以免导致西方"自由普世价值"的绝对化或为某些国家干预他国内政、推行强权政治和霸权主义提供理论基础；也不能用自由条件的多样性去否定自由本质的确定

性，以免某些力量和政权用它剥夺自由、奴役人们，逆历史潮流而动。

2. 要处理好经济发展与自由的关系。自由是具体的而不是抽象的，其实现要依赖于生产力的发展和经济基础的巩固。生产力水平的高度发展和物质产品的极大丰富是实现自由的基本前提。马克思认为随着生产力发展所带来的人类生活水平的提高，人们将摆脱整天为生存而奔波忙碌的命运，将有充分的闲暇时间去自由发展自己的天性、完善自己的心灵，从事各种无功利色彩的活动，消解生存性劳动的异化性质，人类总体自由的增加与生产力发展后能够更多挣脱对自然、对他人、对物的依赖性。但资本主义生产方式下我们也发现，生产力的发展解除了人类一部分约束，但也产生了新的奴役。如马尔库塞认为，当今时代技术的进步（它是当代社会生产力发展的决定性因素）越来越取消个人的自由爱好和自主需要，并没有真正解放人类，只是创造了新的、更有效的、"更令人愉快"的社会控制形式。可见，生产力的发展仅是提供了实现自由的基础，还不是真正自由的实现。要实现真正的自由，还需要通过建立公有制、完善分配方式、建构更加公正合理的政治制度等来保证发展成果由人民共享。

3. 要处理好责任与自由的关系。自由是人在认识必然的基础上进行主动性和自觉性的实践，绝不意味着人可以只按照自己的意愿活。与之相反，自由意味着要更多地承担个体和社会责任，更好地处理个体与集体的关系。法国学者托克维尔曾说"自由把一个人永远地抛回给他自己，最终将他完全禁锢在内心的孤独里……如果说专制，是给个体提供一个隐身于群体之中的机会，那么自由则鼓励每个人成为他自己，依赖于每个人成为他自己"[1]，萨特也说自由的人身上承担着整个世界。即真正的自由的人首先要对自己负责，要做好承受孤独的准备，要有强大的内心。其次，要对自己的言行、选择以及导致的结果负责。自由一

---

① 转引自：刘瑜. 民主的细节 [M]. 上海三联书店，2009：29.

且去掉责任，就是自私与虚伪。

　　马克思主义自由观建立于历史唯物主义之上，强调自由的历史性、具体性和条件性，明确了自由的民族性、阶级性；从无产阶级的立场出发，明确了个体自由与集体自由的统一性，集体自由对实现个体自由的意义；指出实现人类从必然王国到自由王国的飞跃，实现每个人自由全面的发展是自由的最终目标。在追求中国特色社会主义自由的过程中，必须坚持马克思主义科学的、真实的、全面的自由观。

专题二十七　正确认识资本主义民主制度的本质和意义

任何一种社会形态都直接表现为经济基础和上层建筑的统一，资本主义社会也是如此。一方面资本主义上层建筑建立于资本主义经济基础之上，反映资本主义社会的经济关系，体现资产阶级私有制原则；另一方面，资本主义上层建筑又保护其经济基础，为其经济基础进行辩护，巩固资产阶级统治。两者相互糅合，彼此强化，构成了资本主义社会的完整图景。因此，要了解资本主义的运行机制、价值取向和发展方向，不能不揭示其上层建筑的本质和意义。资本主义民主既是资本主义政治制度的核心内容，又是其意识形态的重要构成，集中体现了资本主义的上层建筑。对其进行正确认识、评价不仅是解剖资本主义社会的重大理论问题，也是事关能否坚持中国特色社会主义"四个自信"的重大实践问题。就像习近平总书记指出的："照抄照搬他国的政治制度行不通，会水土不服，会画虎不成反类犬，甚至会把国家前途命运葬送掉。只有扎根本国土壤、汲取充沛养分的制度，才最可靠、也最管用。"① 什么是资本主义民主制度的本质？其局限性的根源在哪里？未来我们应怎么走？

---

① 中共中央文献研究室. 习近平关于社会主义政治建设论述摘编 [G]. 北京：中央文献出版社，2017：11.

一、资本主义民主制度的本质

在阶级社会中，民主总是与一定的社会生产关系相联系，并由这个社会经济基础的性质所决定，具有鲜明的阶级性。资本主义民主与资本主义生产方式相适应，与资产阶级利益相契合。反封建和革命时期的资产阶级，代表着新发展起来的社会生产力，代表着广大群众的利益，其提出的"主权在民""天赋人权""自由、平等、博爱""社会契约论"有一定的先进性和进步性，代表着当时社会发展的方向。就像马克思、恩格斯指出的："进行革命的阶级，仅就它对抗另一个阶级而言，从一开始就不是作为一个阶级，而是作为全社会的代表出现的；它俨然以社会全体群众的姿态反对唯一的统治阶级。它之所以能这样做，是因为它的利益在开始时的确同其余一切非统治阶级的共同利益还有更多的联系，在当时存在的那些关系的压力下还不能够发展为特殊阶级的特殊利益。"① 早期的资产阶级也是如此。

但当资产阶级获得统治地位后，其迅速从革命的积极力量转变为维护少数人统治的消极力量，快速从人民的阵营里叛逃并剥削人民，资产阶级民主成为代表和维护少数资产阶级利益的狭隘、虚伪、形式化的民主。与此同时，为了将这一制度合法化和持续化，资产阶级通过资本主义意识形态教育和传播将其神圣化、合法化和永恒化，试图以此掩盖其阶级性、虚伪性和狭隘性。思考1：为什么资产阶级民主的第一原则是"私有财产神圣不可侵犯"？因为资产阶级拥有许多财产，确立私有财产神圣不可侵犯的原则，是为了保障其根本利益。这一观点有其进步性但并不具有绝对合理性，如果一切私有财产都神圣不可侵犯，那中国共产党通过土地革命解放人民、建立新中国的合理性就会被消解。同样，

---

① 中共中央马克思恩格斯列宁斯大林著作编译局. 马克思恩格斯选集：第 1 卷［M］. 北京：人民出版社，2012：180.

资产阶级的"土地私有论"也不具有自然法意义。土地本是自然馈赠给每一个公民的，应该大家共享，但资产阶级为了保障其利益从而强调土地私有。资产阶级理论家给出的理由是"劳动产权论"，即谁先在一块无主荒地上施加了劳动谁就拥有。但这一观点具有两大缺陷：一是在土地上付出劳动意味着某人可以拥有土地上的作物，因为那是劳动的产物，但不能拥有土地，土地与个体劳动无关。工人阶级能够因为在机器上付出了劳动而将机器带回家吗？这一点资产阶级一定是不同意的。二是先付出劳动的人拥有土地，就意味着后来者不管付出多少劳动都无法获得土地，这明显违背劳动价值论。结果是在土地特别是优质土地资源稀缺的现实中，必然是少部分人富裕，大多数人贫穷。可见私有产权论是维护资产阶级利益的工具，是典型的为资产阶级服务的意识形态。自由是民主的重要保障，思考 2：资产阶级所说的自由主要指什么自由？主要是指私有财产自由、贸易自由、竞争自由和人身自由（即工人出卖自己劳动力的自由），这样的自由本质上是强者、有产者的自由，是"资本的自由"，忽略了资本扩张会导致人的主体自由被剥夺的事实，会使许多人连最基本的接受教育、满足生存的自由都被剥夺的事实，是一种虚假自由。就像马克思在 1848 年《关于自由贸易问题的演说》中指出的："先生们，不要受自由这个抽象字眼的蒙蔽！这是谁的自由呢？这不是一个普通的个人在对待另一个人的关系上的自由。这是资本压榨劳动者的自由。"[①] 一旦"自由"威胁到资产阶级统治时，自由就消失了，如维基解密的阿桑奇、棱镜门的斯诺登因为揭露了资产阶级的谎言和虚伪，而被西方和美国全球通缉。

可见，资产阶级民主的本质是为了维护少数资产阶级的统治，是为了保障资产阶级自身的财产和利益不受损害，具有遮蔽性、虚假性和狭

---

① 中共中央马克思恩格斯列宁斯大林著作编译局. 马克思恩格斯选集：第 1 卷 [M].
北京：人民出版社，1995：227.

隘性。但资产阶级却为其披上了神圣性、全民性和合法性的外衣，用以欺骗人民，巩固其统治。

二、资本主义民主的局限性及其危机根源

21世纪以来，资本主义民主无效、低效和带来的动荡撕裂越发明显，资本主义民主不仅在发展中国家遭遇困境，在发达国家也日益失去人心，而其之所以会面临整体危机，是因为资本主义民主的本质和运行机制存在根本问题。

1.为资产阶级服务，资本主义民主必然是被资本绑架的民主，是少部分人的民主。现代社会有三大核心因素：政府权力、市场资本和人民权利。一个国家能否健康发展，关键在于能否维持三者之间的平衡，既发挥权力和资本的推动作用，又充分保障人民的利益。其中权力和资本都具有集中化的趋势，不对其进行约束和控制会导致力量失控，剥削、压迫、损害人民利益。政府的权力要被制约，把权力关进制度的笼子里，在现代资本主义和社会主义国家都已是共识。但对资本进行制约，不让资本奴役人、统治人，资本主义社会却没有此制度安排和理论前提，结果在科技的加持下资本迅猛发展、高度集中，贫富差距日益扩大，财富集中于少数人之手。经济基础决定上层建筑，没有经济上的平等，要实现政治的平等必然是一句空话。如虽然几乎每个资本主义国家的法律都宣称或规定人人平等，但由于现实生活商品化、货币化、资本化，财富的多少会直接影响人民权利实现的多少，穷人的权利没有货币、资本的支撑将成为一纸空文，资本主义的民主自由成为少数人才能享受的奢侈品。就像列宁指出的："资产阶级民主同中世纪制度比较起来，在历史上是一大进步，但它始终是而且在资本主义制度下不能不是狭隘的、残缺不全的、虚伪的、骗人的民主，对富人是天堂，对被剥削

者、对穷人是陷阱和骗局。"① 目前以及可预见的未来，资本主义社会都没有制约、规范资本恶性膨胀、无序扩张的制度安排和现实可能，资本主义的贫富差距还会拉大，资本主义民主的代表性会更为缺乏。

2. 为资产阶级服务，决定了资本主义民主必然是抽象民主、形式民主，而非真实的全过程人民民主。资产阶级是占有经济基础的阶级，是基本满足了生存需要的阶级。这决定了一是他们会更多关注抽象的政治权利。因为生存问题他们已解决，不在乎。二是为了统一思想，必然会用意识形态让普通人民也聚焦抽象政治权利，通过抽象和形式民主赋予人民虚假的"当家作主"的感觉，从生存焦虑和生活困境中抽离出来，对资本主义政权产生更多认同。如为了体现所谓的全民民主，资本主义国家大多采取一人一票的方式选拔领导人，这种表面上"不拘一格降人才""谁都有机会"的民主形式，让广大人民有了"参与感""主人翁精神"，在一定程度上赋予了资产阶级统治以"合法性"。但由于竞选需要大量的资金来路演、宣传、组织队伍和拉拢对手，普通百姓根本没可能参选，也很难在宣传舆论的轰炸下做出理性的独立判断，更多是被资本、舆论裹挟、塑造。同时，由于现代政治的复杂性和竞选过程的短暂性，普通选民很难真正去了解候选人的政纲、才能、品行，只能更多看口才、看表演、看包装、看长相，即"口才好胜于能力好，好脸蛋胜于好才干"。标准模糊、扭曲下的选举结果必然难以如愿，选出来的领导人往往是说得漂亮、干得糟糕，选民对西式选举民主往往会经历充满期待、逐渐失望、最终绝望的发展历程。大多数西方领导人任期结束时其支持率相较于任期开始时都会有大幅度下滑，西方选民对西式选举的热情不断下降就是证明。这种一次性民主、抽象化民主，老百姓没法理性选择、真正参与社会治理、切实保障自身利益，是虚假的。

---

① 中共中央马克思恩格斯列宁斯大林著作编译局. 列宁选集：第 3 卷 [M]. 北京：人民出版社，2012：13.

3. 为资产阶级服务，决定了资本主义民主必然是极端个人主义下的民主，是对立的、分裂的。资产阶级由于在现实中拥有个体利益，为了保障其利益不受损害，坚守个人主义的价值取向。但当每个人、每个群体、每个政党都只强调自身权利和自由，在经济分化、社会分裂的背景下就会导致不同个体、群体、政党间的激烈对抗、对立，资本主义民主会进一步撕裂和瓦解社会。如大量国家的两党和多党竞争演变为党争政治：不同政党不是比我比对方更好，而是通过攻击、挖粪、抹黑来证明对方比我更坏，使得社会治理效能低下，统治价值扭曲。网上有人调侃，说特朗普上台后，奥巴马就像从未当过总统一样，因为特朗普废除了奥巴马任期几乎所有的重大方针政策（退出TPP、废除医保法案、退出《巴黎协定》、伊核协议等）；同样，拜登上台后，也在大规模废除特朗普时期的基本政策，根源是现任和前任属于不同政党，代表不同利益，从而相互否定、否决，社会陷于撕裂。个体绝对权利下的西式民主没有未来。

4. 为资产阶级服务，决定了资产阶级民主必然是扩张和霸权民主。资产阶级为了获取更多利润，就要通过输出其民主制度和价值来控制、拉拢其他国家，向其他国家输出有利于资本增值、资本扩张、资本控制的意识形态。他们不断宣扬只有资本主义民主才能实现现代化，资本主义民主是万能的，是可以速成的、是放之四海而皆准的等错误观点。更可怕的是，为了为其利益扩张铺路，不管其他国家想不想要，适不适合都硬塞，然后将实行资本主义民主的国家看作是朋友，不实行资本主义民主的国家看作是敌人，甚至不惜发动战争来为其资本拓展铺路。其实一个简单的道理大家都懂，那就是即使资本主义民主是个好东西，也不会放之四海而皆准。就像汽车是个好东西，但如果"我们"住小岛，这辆车就没用，还不如坐船快；鲍鱼、人参有营养，但并不是每个人都能接受。何况资本主义民主内部矛盾重重，存在根本缺陷。对此，习近平总书记曾指出："我们需要借鉴国外政治文明有益成果，但绝不能放弃中国政治制度的根本。中国有 960 多万平方公里土地、56 个民族，我们能照谁的模式办？谁又能指手画脚告诉我们该怎么办？"① 明确"履不必同，期于适足；治不必同，期于利民"，即民主不能脱离一个国家的历史、国情和文化，没有"速溶咖啡式民主""交钥匙式的民主"或"全能性民主"，资本主义霸权民主会给世界带来更多动荡和灾难。

三、坚持发展中国特色社会主义民主

与资本主义民主不同，中国特色社会主义民主根源于、服务于、服从于社会主义经济基础，代表和维护广大人民利益，本质上是人民当家作主。从人类正反两方面经验看，一个国家只有坚持基于自身国情的民主，才能维护自己的核心利益，促进自身发展。1987 年，戈尔巴乔夫出版了集中反映其错误思想的《改革与新思维》一书，要推行"民主化、多党化、多元论、公开化"，认为"新思维的核心就是承认全人类的价值观的优先地位"②，忽视自身的特殊性，放弃科学社会主义，拥抱西方的民主社会主义，导致自身解体，使苏联从世界霸主直接成为二流国家。同样，二战后 150 多个后发展中国家，没有一个是靠资本主义民主自由成为发达国家的。我们要实现中华民族伟大复兴的目标，也必须走中国特色的民主道路。

1. 中国特色社会主义民主坚持党的领导、人民当家作主和依法治国的统一，能更好地避免短视民主和民粹主义。资本主义民主下个体权力的绝对性导致短视主义和民粹主义盛行。短视主义和民粹主义的本质是激进对理性的绑架，少数对多数的绑架，当前利益对长远战略的绑架，会损害一个国家的持续健康发展。中国特色社会主义民主坚持党的

---

① 中共中央文献研究室. 习近平关于社会主义政治建设论述摘编［G］. 北京：中央文献出版社，2017：11.

② ［苏］戈尔巴乔夫. 改革与新思维［M］. 苏群，译. 北京：新华出版社，1987：126.

领导、人民当家做主和依法治国的统一，可以很好地将党的战略性、权威性，法律的保障性、公平性与人民的参与、选举、监督、决策、管理统一起来，保证我国民主的真实性、有效性和科学性，避免短视主义和民粹主义。

2. 中国特色社会主义民主用协商替代党争，可以更好地避免对立和分裂。资本主义党争民主的结局往往是政党利益、群体利益、阶级利益凌驾于人民利益之上，分裂代替团结、斗争代替合作，国家治理低效甚至面临撕裂。民国时，中国最多有300多个政党，但结果是国家分裂，民不聊生。现在我们发展中国特色的协商民主，强调众人的事情众人协商着办，全面推进政党协商、人大协商、政府协商、政协协商、人民团体协商、基层协商以及社会组织协商，用协商代对峙，避免了社会分裂、恶性竞争，有利于社会和谐、提升治理效能。

3. 遏制资本，重视民生，发展全过程人民民主。西方民主强调政治参与、政治权利、一次性选举，忽略了经济民主、社会民主和全过程民主的重要性。中国特色社会主义民主与此不同，明确经济民主是一切民主的前提，要实现真正民主就要遏制资本的恶性膨胀与无序扩张。指出政治民主不仅仅是选举，还有参与、协商、监督、管理等，是全过程人民民主。而人民对中国政府的高度信任、中国社会的长期稳定、经济的持续高速发展说明中国特色社会主义民主是适合中国国情的，必须长期坚持。

总之，资产阶级在长期统治中积累了不少经验，其民主中具有一些符合政治统治和社会管理一般规律的内容，对此我们可以加以借鉴。但是，资本主义民主的本质是为资产阶级利益服务，是服从于资产阶级统治和压迫需要的政治工具，它的各种理论、观点、立场、方法都带有深刻的资产阶级的阶级印记和阶级偏见，只能为少数人服务，无法实现全过程人民民主和真实民主。因此，我们不能走西式民主道路，只能走中国特色社会主义民主道路。

专题二十八　从金融资本看资本主义
本质与未来

　　马克思曾指出：资本主义革命、资本主义制度的形成不是一般地以生产力的革命、交换的革命，而是以一场深刻的金融革命为标志，它的最大成果是国际信用体系的形成。当今世界资本主义的发展证明了马克思的深邃与伟大，资本主义国家越来越金融化——金融资本占国家GDP 的比重和国家财富的比重不断上升，通过金融而不是实体经济攫取剩余价值成为发达资本主义国家的主要剥削和财富积累方式。要了解当代资本主义的本质和发展趋势，就必须对金融资本进行分析与解剖。

一、资本主义金融化的历史

　　资本主义大规模金融化是资本主义商品经济、市场经济高度发达后的产物，伴随股份公司和生产集中化的出现而出现，20 世纪 70 年代以后开始大规模发展。但我们不能将资本主义金融化看作是商品经济或市场经济的产物，相反金融化是资本主义商品化和市场化的重要推动力量，其出现的时间比资本主义萌芽更早。早在 12 世纪，基督教的"圣殿骑士团"就已经建立了银行、借贷、票据等现代金融的基本形态，建立了殖民制度、战争国债制度、国际信用制度、税收制度和关税制度。这一金融制度，为历次十字军东征提供了大量资金，为以后的资本主义金融化奠定了基础，提供了范本。16 世纪后的几个世纪，欧洲因为战争需要大量资金——1500 年，欧洲有 400 多个国家，但到 1900 年左右只有 44 个，300 多个国家都是打没的，货币由"交换的中介"转变为以国家为基础发行的银行债券，商品经济逐步转化为信用经济。这一时期，金融化的资产阶级主要通过两种方式来进行国际和国内剥夺：一是将"国家的债务"证券化，推动其殖民扩张。债券成为在银行家之间投资转卖的财富，为殖民战争提供源源不断的资金支持。如英国和荷兰的东印度公司都是靠发行债券、股份，通过金融化的方式建立武装，进行国际贸易和殖民掠夺的，没有金融化就没有英国和荷兰东印度公司的强大。二是以扩大税收和银行券不断贬值的方式，把国家开支、战争开支以及放债者利润统统转嫁到欧洲大众身上，把他们剥夺为只能靠出卖劳动力为生的无产者，也把"欧洲对于世界的战争"转化为欧洲内部的革命。所以战争、积累，积累、战争成为 16 世纪后资本主义世界的主题。20 世纪 70 年代后，随着石油危机的加剧和生产竞争的激烈，工业生产的利润率不断降低，全球资本流动日益膨胀，世界资本快速金融化。如在 1960—1980 年间，美国的金融资产价值是 GDP 总额的 1.5 倍，2003 年超过 3 倍，2008 年超过 8 倍，2018 年超 12 倍；2017 年美国三产所占比重分别为 0.9%、16.6% 和 82.5%，第三产业的比重远远超过制造业，第三产业中金融业又占 20.8%。金融业不创造价值，但在利润获取时相对产业资本却更有优势，使得经济结构和财富分配日益失衡。如 1968 年金融业利润在利润总额中所占比重为 16.15%，制造业利润为 49.41%，之后金融业利润比重不断上升，曾一度超过 40%，而同时制造业利润比重不断下降。到 2018 年第三季度，金融业利润比重为 26.74%，而制造业利润为 17.75%①，资本主义的金融化基本完成。通过上述历史，我们可以得出：（1）金融化伴随资本主义产生、发展、嬗变的全过程；（2）金融化是资本主义产生、发展的重要推动力量，

---

① 李玉. 后金融危机时代美国制造业现状及启示 [J]. 西南金融，2020 (10)：91.

欧洲的金融体系是工业革命和现代社会变革的基础；（3）金融化因为资本主义的侵略、扩张、战争而加速推进；（4）金融化日益成为资本主义的基本状态和本质特征。

二、资本主义金融化的必然趋势

随着资本主义金融化的不断拓展，资本主义的深层产业危机、贫富危机、债务危机等不断凸显，这是由资本主义金融化的内在动力与逻辑决定的。从历史和现实看，资本主义的金融化必然会导致：

1. 扩张化（或侵略化）。一是因为资本主义的金融化起源于战争融资。不管是早期的圣殿骑士团，还是后来的英国东印度公司、荷兰东印度公司、反法战争（反法战争的实质是拿破仑要摧毁金融家集团对于欧洲的统治，所以欧洲的金融家集团坚定地联合起来打倒拿破仑）等都是如此。在教会之后，这种"空前的社会暴力"是被什么组织起来的呢？马克思说，它是被"以货币为完全形式的价值形态"组织起来的，是被战争国债制度组织起来的，而不是被抽象的"贸易活动"组织起来的①，金融化是资本主义发展和殖民体系形成的重要动力。二是因为在金融资本自身不能生产财富的前提下，其只能通过自身的繁衍、裂变、扩张来获取更多利息和利润，扩张性是金融资本的本质属性。三是因为发达资本主义国家金融资本、金融技术、金融产业的强大以及其货币国际化的属性，使得其更多依赖金融来掠夺其他国家的财富和资源，维持霸权。而资本主义的扩张方式主要有二：一方面金融资本通过金融自由化的意识形态控制他国金融体系，获取超额利润。如 2001 年阿根廷政府在世界金融资本的蛊惑和压力下，推行投资和贸易自由化，结果其国内最大的 10 家银行中有 8 家被外国资本控股，金融危机后，国家财富被洗劫一空。另一方面金融资本通过战争（军事战或贸易战）

---

① 韩毓海. 一篇读罢头飞雪，重读马克思［M］. 北京：中信出版社，2014：36.

来巩固自己的金融地位。如 2003 年美国发动伊拉克战争，重要原因之一是美国担心欧元诞生后，中东国家会通过欧元进行石油结算，损害美元的全球霸权。关于这一点一位美国将军曾在西点军校演讲时露骨地表达过：100 美元的成本是 7 美分，生活中不如一卷手纸，但用它可以换来 100 美元的资源，如果有一天世界人民不买这张纸，就是你们出现的时候。金融资本的扩张性、侵略性一目了然。可以预计，未来中美博弈的重点之一必然会发生在美国金融自由化和中国金融自主化之间。金融资本的扩张性导致了资本主义意识形态的全球化，使得发达资本主义国家凭借金融资本对全球人民进行剥夺，世界贫富差距不断扩大。金融资本将在促进资本主义强大的同时成为资本主义的掘墓人。

2. 债务化。首先，资本主义国家的货币发行并不是建立在实体经济的基础上，而是建立在政府和企业"债务"关系的基础之上。资本主义国家出于战争目的而发行国债，私人银行为了经营国债方才建立起以国债为基础、以税收为抵押的银行制度和以货币流通为基础的财政税收制度。其次，资本家发现钱生钱能最快积累财富，使得大量资本进入金融领域进行放贷、借贷，进行金融创新、提升金融杠杆、刺激消费，从而赚取高额利润。最终西方国家的人民普遍借债度日，超前消费，居民债务规模庞大。截至 2022 年 6 月，美国居民债务已首次超过 16 万亿美元。再次，资本主义国家的选举制度和政党竞争制度，使得候选人和政党都以福利化为诱饵来获取选票。支撑福利化最方便、快捷的方式就是债务化，资本主义国家债务危机就难以避免——2008 年后的欧洲主权债务危机就是其典型体现。当前这一趋势并没有扭转，反而不断加剧，截至 2022 年 12 月，美国联邦政府债务规模达到 31.36 万亿美元，远超其 GDP 规模；截至 2021 年年底，日本负债总额达到 12.7 万亿美元，是其 GDP 的 2.6 倍。可见，债务驱动和债务冲动也是金融资本主义的本质。就像马克思指出的："在所谓国民财富中，真正为现代人民所共有的唯一部分，就是他们的国债。"① 资本主义社会关系的实质是可计量的债务关系，债务关系的理性化是一切资产阶级法律和道德关系的真正起源和实质。

3. 贫富分化。国际国内贫富差距同步扩大。国际上，发达资本主义国家利用金融资本的快速流动性、自身货币的强势地位以及对其他国家金融系统的控制，不断掠夺其他国家财富和世界人民的劳动成果。鸦片战争期间，英国通过英格兰汇票，就可以到广东兑换白银，并用白银购买军需来打中国，结果是英国人钱越打越多，清王朝的财富越打越少。同样今天的美国也在利用美元，薅全世界的"羊毛"，结果是国与国之间的差距不断扩大。2019 年世界上最富裕 10 个国家的人均收入是最落后 10 个国家人均收入的 50~60 倍。国内，资本家和劳动者的贫富差距拉大。劳动阶层和小生产者最缺乏的不是有形财富，而是作为银行券的现金。现有资本体系强迫小生产者把他们的财产折算成银行券，使他们沦为社会的弱势群体，成为缺"钱"的那一部分人，国内不同群体和阶级的贫富差距就不断扩大。据瑞士信贷 2017 年发布的报告显示，全球百万富翁（按美元计）占全球人口的 0.7%，掌控着全球 46% 的财富；金字塔最底层 70% 的人，却仅占全球财富的 2.7%。

4. 金融寡头控制国家。金融资本发展壮大成为金融寡头，金融寡头在经济上利用参与制即股份制的方式实现资本杠杆的最大化，实现对资本主义国家经济命脉的控制，在政治上通过"个人联合"，即贿选、自己参选和培养代理人等方式来掌握政权，为其垄断利益服务；在意识形态上通过建立政策咨询机构、控制新闻媒体、科学教育等方式来左右国家的内政外交及社会政策。资本主义政府逐步失去其独立性和人民性，沦为金融寡头的代理人。像企业主在工人阶级头上挥舞皮鞭一样，

---

① 中共中央马克思恩格斯列宁斯大林著作编译局．马克思恩格斯文集：第 5 卷［M］．北京：人民出版社，2009：864-865.

企业主自己的头上也有银行家和投资家在挥舞债务的皮鞭。资本主义最深层的问题不是"人民与政府"的关系问题,而是人民与银行的关系,金融资本、金融寡头拥有的绝对权力导致深层次的绝对腐败,这一少数人对多数人的隐秘剥夺,成为革命和动荡的导火索,成为社会撕裂的根源。2009 年在美国大规模出现的占领华尔街运动,人民打出的旗号就是 99% 的人反对 1% 的金融资本的掠夺。

三、资本金融化所带来的启示

1. 要把握金融资本与工业资本的区别,明确市场经济与资本主义的差异。过去一段时期我们的错误在于将劳动狭隘化,认为只有物质生产劳动才是劳动,才能创造价值,将工业资本家和金融资本家等同,都视为完全剥削者,造成政策和实践的偏差。但其实,工业资本家的管理也是生产劳动的重要组成部分,也参与物质财富的创造,其基本公式是:$G-W-W'-G'$;而金融资本是直接从 $G-G'$,没有参与生产过程,只是促进财富的创造和参与财富的分配,不能直接创造财富。要明确市场经济的核心是商品交换,资本主义的核心是资本循环、增殖。交换促进资源分配、社会交往和分工,因此市场经济不能废。资本主义只强调资本的循环,强调通过资本来获取剩余价值,对其要进行合理规范。

2. 金融资本要服务于实体经济。现代经济的发展必然要合理利用金融以及金融资本的积极作用,促进要素快速流动和生产力快速发展。但如果金融资本脱离实体经济自我繁殖,它既是反市场的,也是反生产的,还是反历史的。就会出现资本支配劳动,而不是劳动支配资本的局面(马克思在《法兰西内战》中曾指出:这是社会主义与资本主义的本质区别),一个国家的社会经济就会出现"倒悬"。如 2008 年的美国,制造业对国民经济的贡献率只有 10% 左右,而金融业的贡献率却在 40% 以上;次贷危机发生前,全球金融衍生品的市场价值是实体经济的

6~8 倍，国际每天外汇交易中与实体经济相关的交易只有 1% 多一点。在如此失衡的经济结构下，金融危机难以避免。我国长期以来坚持金融要服务于实体经济的基本理念和政策，但也要看到在最近的几十年里，金融资本的迅速扩张占据了实体经济的大量财富和资源，影响了人们的劳动观、财富观和价值观。对此，习近平总书记 2018 年 10 月 22 日在广东考察时指出："实体经济是一国经济的立身之本、财富之源。先进制造业是实体经济的一个关键，经济发展任何时候都不能脱实向虚。"① 党的二十大报告也明确要把发展经济的着力点放在实体经济上，进一步明确社会主义国家的金融资本要服务于实体经济。

　　3. 国家要牢牢掌握金融主权。只有在国家而不是少数私有者支配金融的情况下，资本才能服务于劳动，共同富裕的社会主义目标才能实现。同时，资本才不会过度干预、绑架国家的大政方针，国家的独立性、人民性、公正性才能得以保障。对此恩格斯在《法兰西内战》1891 年版序言中就曾指出，巴黎公社失败的主要教训是"公社在经济方面忽略了很多据我们现在看来是当时必须做的事情。最令人难解的，自然是公社把法兰西银行视为神圣，而在其大门外毕恭毕敬地伫立不前。这也是一个严重的政治错误。银行掌握在公社手中，这会比扣留一万个人质更有价值。"② 日本的发展也证明了这一点，1955 年后日本的金融一直为产业发展服务，金融与日本的产业发展紧紧绑在一起，绝不能有超出产业投资发展之外的独立性，自民党也一直是党管金融。但 2001 年，日本被美国及其代理人小泉纯一郎逼着取消了通产省，拆散了银行与企业的关系，日本经济从而更加脆弱，进一步崩溃。从这个意义上说，共产主义 = 联合起来的劳动 + 联合起来的资本，国家掌握金融，是实现共产主

---

　　① 中共中央宣传部. 习近平新时代中国特色社会主义思想学习纲要［G］. 北京：学习出版社，人民出版社，2019：120.

　　② 中共中央马克思恩格斯列宁斯大林著作编译局. 马克思恩格斯选集：第 2 卷［M］. 北京：人民出版社，2012：52.

义的重要条件。

　　资本主义的金融化，使得资本逻辑不断扩张，世界的发展、和平、共享、人本难以实现，决定了资本主义既不能实现真正全民共享的现代化，也难以实现资本主义生产关系的永续发展，资本主义的动荡和灭亡无法避免。

专题二十九 把握社会主义和共产主义的内涵与关系

　　在马克思主义发展史和其话语体系中，社会主义与共产主义是两个经常出现并相互区别、相互联系的概念。如列宁指出："科学社会主义学说，也就是马克思主义。"① 邓小平说："马克思主义的另一个名词就是共产主义。"② 如何正确理解、把握社会主义和共产主义的关系，不仅是马克思主义理论的基本问题，也是更好推进中国特色社会主义发展的基本遵循，具有重大的理论和现实价值。

一、社会主义、共产主义的基本内涵

1. 早期社会主义、共产主义概念的异同

　　社会主义与共产主义的概念源远流长。19世纪30年代以前，就有人使用过社会主义这个词语，有学者考证，意大利的传教士贾科莫·朱利阿尼很早就使用了"社会主义"一词，指上帝安排的一种传说制度，其后作为一种批判和否定资本主义的社会思潮而存在。19世纪三四十年代，"社会主义"一词在英、法等国的知识界广为流传，其意义主要有二：一是指与个人主义对应，实现社会整体利益的思潮；二是指空

---

① 中共中央马克思恩格斯列宁斯大林著作编译局.列宁全集：第6卷［M］.北京：人民出版社，1986：251.
② 邓小平.邓小平文选：第三卷［M］.北京：人民出版社，1993：137.

想社会主义，如欧文 1840 年演说集的名称即为《社会主义或理性社会制度》。共产主义的思想也早已有之，但其概念源自 19 世纪 30 年代中期的巴黎秘密革命团体，其主要指向也有二：一是期望实现财产公有制；二是力求建立以"公社"为单位的基层自治组织。到 19 世纪 40 年代，随着法国卡贝和德国魏特林共产主义思想的传播，共产主义一词在欧洲流行开来。可见，早期社会主义和共产主义思想都体现了对资本主义的否定和批判，都期望实现一个超越资本主义的理想社会，且都包含有空想成分，从这个意义上说，这两个概念是相通的。两者的区别是，最早主张社会主义的人，更多强调对资本主义进行和平改造，主要在社会上层的知识分子中流传；主张共产主义的人，更多强调对资本主义进行彻底变革，信奉人群主要是社会下层的工人群众。对此恩格斯曾说道："社会主义，至少在大陆上，是上流社会的，而共产主义却恰恰相反。"①

2. 马克思、恩格斯对社会主义和共产主义概念的使用。马克思、恩格斯在最初表达和阐释自己的社会主张时，选用的是共产主义，而非社会主义。在《德意志意识形态》之前马克思、恩格斯往往自称为"现实人道主义"者，随着其唯物史观的成熟，从《德意志意识形态》发表至 19 世纪 60 年代，马克思与恩格斯都强调自己是共产主义者。对于为什么没有选用社会主义这个概念，恩格斯在 1890 年为《共产党宣言》写的德文版序言中做过这样的解释："当我们写这个《宣言》时，我们不能把它叫做社会主义宣言。在 1847 年，所谓社会主义者，一方面是指各种空想主义体系的信徒，即英国的欧文派和法国的傅立叶派，这两个流派都已经降到纯粹宗派的地位，并在逐渐走向灭亡；另一方面是指形形色色的社会庸医，他们凭着各种各样的补缀办法，自称要消除

---

① 中共中央马克思恩格斯列宁斯大林著作编译局. 马克思恩格斯选集：第 1 卷［M］. 北京：人民出版社，2012：392.

一切社会弊病而毫不危及资本和利润。""可见，在 1847 年，社会主义
是资产阶级的运动，而共产主义则是工人阶级的运动。当时，社会主
义，至少在大陆上，是'上流社会的'，而共产主义却恰恰相反。"①
《共产党宣言》的全部学说定位都在"共产主义"这一基点上，在第三
部分他们还批判了诸如"反动的社会主义"——包括"封建的社会主
义""小资产阶级的社会主义""德国的或真正的社会主义""保守的
或资产阶级的社会主义""批判的空想的社会主义"等各种社会主义的
思潮。因此，马克思、恩格斯当时把自己的社会主张称为"共产主义学
说"，把无产阶级革命称为"共产主义革命"，把无产阶级政党称为
"共产主义政党"，把代替资本主义的未来社会称为"共产主义社会"。
到 19 世纪七八十年代，由于广大工人大都认同社会主义，且提出了
"社会主义革命"的概念，马克思、恩格斯逐渐在一定范围内把社会主
义与共产主义作为同义语使用，有时把自己的学说称之为"科学社会
主义"或"社会主义"。1872 年在《论住宅问题》一文中恩格斯首先
使用了"科学社会主义"概念，他说："德国科学社会主义的观点，即
关于无产阶级必须采取政治行动，必须实行无产阶级专政作为达到废除
阶级并和阶级一起废除国家的过渡。这种观点在《共产主义宣言》中
已经申述过并且以后又重述过无数次。"② 在《反杜林论》中，其又指
出："无产阶级运动的理论表现即科学社会主义的任务。"③ 然后在《社
会主义从空想到科学的发展》中其直接把他们的社会主张称之为社会
主义，"社会主义现在已经不再被看做某个天才头脑的偶然发现，而被

---

① 中共中央马克思恩格斯列宁斯大林著作编译局. 马克思恩格斯选集：第 1 卷［M］.
  北京：人民出版社，2012：392-393.

② 中共中央马克思恩格斯列宁斯大林著作编译局. 马克思恩格斯选集：第 3 卷［M］.
  北京：人民出版社，2012：248-249.

③ 中共中央马克思恩格斯列宁斯大林著作编译局. 马克思恩格斯选集：第 3 卷［M］.
  北京：人民出版社，2012：671.

看做两个历史地产生的阶级即无产阶级和资产阶级之间斗争的必然产物"①。但几乎与此同时，马克思、恩格斯也已开始认识到共产主义是比社会主义更为久远的愿景，两者存在发展阶段的差异。在1875年写成的《哥达纲领批判》中，马克思总结巴黎公社的经验，指出共产主义社会将依次通过两个阶段：共产主义社会的第一阶段和共产主义社会的高级阶段。其中共产主义社会的第一阶段即社会主义阶段。可见，马克思、恩格斯对社会主义和共产主义认识的基本脉络是：早期认为两者完全不同；后来随着社会主义的革命化又在同一意义上使用过两者，认为两者基本相同；再后又看到了两者存在的阶段差异，明确两者是既对立又统一的关系。

二、社会主义和共产主义的关系

真正从发展阶段和社会形态角度阐述两者关系的是卢森堡与列宁，对其丰富和发展则完成于中国共产党人。

1. 列宁对社会主义和共产主义的认识。在列宁的思想理论中，社会主义与共产主义是一种思想体系。但其在使用社会主义、共产主义这两个概念时理论上有一个独到贡献，就是把社会主义看成是无产阶级解放的第一步，把共产主义视为无产阶级的最终目标追求。最早具有这种认识的是德国的女革命家卢森堡，她认为，资本主义之后的未来社会可分为社会主义、共产主义两个阶段，共产主义是在社会主义发展基础上而来的。列宁在此基础上与无产阶级革命策略相联系，进一步明确了两者的关系，在《无产阶级在革命中的任务》一文中其说："人类从资本主义只能直接过渡到社会主义，即过渡到生产资料公有和按每个人的劳

---

① 中共中央马克思恩格斯列宁斯大林著作编译局. 马克思恩格斯选集：第3卷［M］. 北京：人民出版社，2012：796.

动量分配产品。我们党看得更远些：社会主义必然会逐渐成长为共产主义。"① 在《国家与革命》一书中，列宁又明确地指出："但是社会主义同共产主义在科学上的差别是很明显的。通常所说的社会主义，马克思把它称做共产主义社会的'第一'阶段或低级阶段。既然生产资料已成为公有财产，那么'共产主义'这个名词在这里也是可以用的，只要不忘记这还不是完全的共产主义。"② 此外列宁还有一个重要观点，即认为社会主义可以在一国或数国率先实现，而共产主义将是一个世界性的进程，并将社会主义划分为"初级形式的社会主义"和"发达的社会主义"。在对社会主义和共产主义进行适当区分的基础上，列宁于1918 年将党的名字改为"俄国共产党（布尔什维克）"。随着俄国共产党的建立，世界各国相继产生了一大批共产党，这些政党都坚持马克思主义和列宁主义，也都接受列宁对社会主义、共产主义的区分。

2. 中国共产党对社会主义和共产主义的认识。中国共产党在马克思列宁主义的指导下产生，无论革命还是建设时期，中国共产党的成员都不自称是社会主义者，而强调是共产主义者，为共产主义事业奋斗终生，将实现共产主义作为自己的最终目标。同时，中国共产党也接受了列宁对社会主义、共产主义的区分，把实现社会主义看作是实现共产主义的前提条件，把共产主义看作是社会主义充分发展的结果。中国共产党人在革命时期的一个突出贡献是，强调新民主主义革命是社会主义革命的前奏，新民主主义社会是向社会主义的过渡时期。中国革命必须从资产阶级民主革命过渡到社会主义民主革命，并通过社会革命过渡到社会主义社会。但在后来的社会主义建设时期，由于自身理论准备不足，对社会主义、共产主义缺乏深入研究，加之受苏联共产党的影响，一度

---

① 中共中央马克思恩格斯列宁斯大林著作编译局. 列宁选集：第 3 卷［M］. 北京：人民出版社，2012：64.

② 中共中央马克思恩格斯列宁斯大林著作编译局. 列宁选集：第 3 卷［M］. 北京：人民出版社，2012：199—200.

把社会主义看成是短暂的，急于向共产主义过渡；一度认为我国社会主义社会仍处在两个阶级、两条道路激烈斗争的"过渡时期"，导致政策的激进化和阶级斗争的扩大化，使党和国家遭遇困难与曲折。在总结经验教训的基础上，改革开放后，中国共产党一方面坚持列宁对社会主义、共产主义的界定和区分；一方面充分认识到社会主义是一个很长的历史阶段。邓小平指出："共产主义的第一阶段是社会主义，社会主义就是要发展生产力，这是一个很长的历史阶段。"① 明确需要几代人、十几代人甚至几十代人坚持不懈地努力奋斗。此外，在社会主义本质论、社会主义市场论、中国特色社会主义新阶段论上，中国共产党人也有新的阐述与贡献。

可见，社会主义是共产主义的第一阶段，共产主义的高级阶段才是完全意义的"共产主义"，社会主义过渡到共产主义是一个长期的过程。我们既要坚持共产主义的远大理想，也要立足于社会主义的现实环境，以实现最高纲领与最低纲领的统一。

三、坚持共产主义远大理想

共产主义是科学理论、合理制度、实际运动"三位一体"的有机统一。但当前不少人认为在社会主义初级阶段的条件下，共产主义过于遥远，讲共产主义脱离发展阶段、脱离现实，主张少提共产主义，多提社会主义；少讲最高纲领，多讲最低纲领。许多人在意识中已经忘记了共产主义理想的存在，忘记了共产主义的基本要求，共产主义理想信念的根基被动摇。面对这一现实，十八大以来，习近平总书记首先对那些认为共产主义理想虚无缥缈的观点进行了批评，指出："我们不能因为实现共产主义理想是一个漫长的过程，就认为是虚无缥缈的海市蜃

---

① 邓小平. 邓小平文选：第三卷 [M]. 北京：人民出版社，1993：228.

楼。"① 强调对共产主义的认识应该建立在清醒的、深入的科学认识上，要运用辩证唯物主义和历史唯物主义的基本方法，看到共产主义理想的合规律性与合目的性，不能因为思维局限、现实困难、道路艰险就放弃自己的远大理想。其次，多次强调树立共产主义理想的重要性。2012年 11 月，在十八届中共中央政治局第一次集体学习时习近平总书记就指出："对马克思主义的信仰，对社会主义和共产主义的信念，是共产党人的政治灵魂，是共产党人经受住任何考验的精神支柱。"② 2015 在十八届中央政治局第二十六次集体学习时的讲话中习近平总书记又讲道："我们共产党人的根本，就是对马克思主义的信仰，对共产主义和社会主义的信念，对党和人民的忠诚。"③ 2016 年在庆祝中国共产党成立 95 周年大会上的讲话中习近平总书记再次强调："中国共产党之所以叫共产党，就是因为从成立之日起我们党就把共产主义确立为远大理想。我们党之所以能够经受一次次挫折而又一次次奋起，归根到底是因为我们党有远大理想和崇高追求。"④ 可见，共产主义远大理想和信仰是我党保持纯洁和不断发展壮大的根本。坚持共产主义的理想信念对今天的中国和中国共产党来说依然重要。

1. 坚持共产主义的远大理想，可以使社会主义的现实与理想间保持一定张力。理想因其远大而成为理想。如果只讲社会主义不讲共产主义，人们就很容易陷入经验主义，只看局部、不看整体，只看当下、不看长远，只看具体、不看抽象，只看现实、不看趋势。中国社会不仅会失去正确方向，还会失去引领现实的能力。国民党的"三民主义"最

---

① 习近平. 习近平谈治国理政：第二卷［M］. 北京：外文出版社，2017：184.
② 中共中央文献研究室. 十八大以来重要文献选编（上）［G］. 北京：中央文献出版社，2014：116.
③ 中共中央文献研究室. 习近平关于全面从严治党论述摘编［G］. 北京：中央文献出版社，2016：76.
④ 习近平. 习近平谈治国理政：第二卷［M］. 北京：外文出版社，2017：60.

终没有能够凝聚力量、明确方向，本质上是因为其仅仅是一种政纲。一旦目标接近实现，人们只关注具体，失去长远和统一目标，组织动员的功能就散失，意识形态的号召力就失去。反之，共产主义含有终极关怀和理想，能够满足党员对信仰的持续追求。与此同时，在党和国家发展的低谷阶段，人们很容易将理想和现实等同，用现实困难质疑指导思想的合理性，意识形态的凝聚力就会被消解。就像马克思曾指出的"社会革命不能从过去，而只能从未来汲取自己的诗情"①，共产主义不是虚无缥缈的理想，是塑造和引领现实的力量。

2. 共产主义理想是合规律性与合目的性的统一，是社会主义的旗帜与方向。在合规律性上，共产主义是人类社会生产力发展的产物，是世界历史和普遍交往的产物，是资产阶级和国家消亡的必然结果。就像马克思、恩格斯指出的："共产主义对我们来说不是应当确立的状况，不是现实应当与之相适应的理想。我们所称为共产主义的是那种消灭现存状况的现实的运动。这个运动的条件是由现有的前提产生的。"② 这一方法论保证了共产主义的科学内涵、实现条件和最终状态都会与时俱进，恩格斯因此将其称为关于"现实的人及其历史发展的科学"。在合目的性上，共产主义是为了使人摆脱自然、思维、社会的剥削与压迫，摆脱对人以及物的依赖，真正占有自己的本质，达到一种"自在、自觉、自愿和自主"的发展状态，实现人的自由全面发展。这一理想对个体、群体和人类都具有号召力、感染力、激发力。共产主义占据了历史制高点和道德制高点，超越了以往哲学仅是"解释世界"的局限，是能够真正"改造世界"、不断创造美好生活的新哲学，具有永恒的现实价值。

① 中共中央马克思恩格斯列宁斯大林著作编译局. 马克思恩格斯选集：第1卷［M］. 北京：人民出版社，2012：671.
② 中共中央马克思恩格斯列宁斯大林著作编译局. 马克思恩格斯文集：第1卷［M］. 北京：人民出版社，2009：539.

　　3. 共产主义是共产党员精神之"钙"，是激励中国共产党人不断奋斗的精神力量。共产主义是共产党人的最高理想，是中国共产党能够由小到大、由弱到强，不断战胜困难和风险的重要支撑。新民主主义革命时期，无数革命先烈为了实现共产主义流血牺牲，他们甚至没有看到新中国的成立，没有看到社会主义，他们的奋斗距离共产主义的实现比起今天的共产党人更遥远，但他们义无反顾、前赴后继。社会主义革命和建设时期，面对一穷二白的新中国，面对中国几千年的封建剥削传统和阶级剥削历史，中国共产党带领中国人民依然以饱满的热情建设社会主义、追求共产主义。改革开放初期，面对西强东弱、资强社弱的局面以及东欧剧变、苏联解体的巨大冲击，我们依然坚持社会主义的方向和共产主义的远大理想，保证我们不变质、不变色、不变味。今天，我们比历史上任何时期都更接近中华民族伟大复兴的目标，比历史上任何时期都更有信心、有能力实现这个目标，世界范围内社会主义和资本主义两种意识形态、两种社会制度的历史演进及其较量发生了有利于社会主义的重大转变，人们对社会主义和共产主义的信心前所未有。但共产主义不能敲锣打鼓、轻轻松松就实现，共产主义和社会主义事业也不会一帆风顺，还有很长的路要走，很多的坎要过。因此，一方面需要继承先辈们对共产主义的信仰和初心，坚定信心；一方面还需有久久为功的毅力与坚韧，保持耐心与定力。如此我们才能创造人类文明的新形态，实现人类新愿景。

　　准确把握社会主义和共产主义的关系，坚定中国特色社会主义信念和共产主义信仰，未来的实践才能行稳致远！

参考文献

［1］中共中央马克思恩格斯列宁斯大林著作编译局．马克思恩格斯选集（1-4卷）［M］．北京：人民出版社，2012.

［2］中共中央马克思恩格斯列宁斯大林著作编译局．马克思恩格斯文集（1-10卷）［M］．北京：人民出版社，2009.

［3］中共中央马克思恩格斯列宁斯大林著作编译局．列宁选集（1-4卷）［M］．北京：人民出版社，2012.

［4］毛泽东．毛泽东选集（1-4卷）［M］．北京：人民出版社，1991.

［5］习近平．习近平谈治国理政（1-4卷）［M］．北京：外文出版社，2022.

［6］孙正聿．马克思主义基础理论研究［M］．北京：北京师范大学出版社，2019.

［7］孙正聿．哲学通论［M］．沈阳：辽宁出版社，1998.

［8］俞吾金．重新理解马克思［M］．北京：北京师范大学出版社，2013

［9］陈先达．马克思主义哲学原理［M］．北京：中国人民大学出版社，2019.

［10］肖前主编．马克思主义哲学原理（上、下册）［M］．北京：中国人民大学出版社，1994.

［11］刘同舫．马克思的哲学主题［M］．北京：人民出版社，2017．

［12］邓晓芒．中西哲学三棱镜［M］．天津：天津人民出版社，2020．

［13］张一兵．资本主义理解史（第6卷）［M］．南京：江苏人民出版社，2009．

［14］韩毓海．一篇读罢头飞雪，重读马克思［M］．北京：中信出版集团，2021．

［15］张亮．21世纪国外马克思主义哲学若干重大问题研究［M］．北京：人民出版社，2020．

［16］张一兵．回到马克思［M］．南京：江苏人民出版社，2020．

［17］侯惠勤．马克思的意识形态批判与当代中国［M］．北京：中国社会科学出版社，2010．

［18］陈尚伟．马克思哲学中的“以人为本”研究［M］．北京，学习出版社，2015．

［19］郑永年．再塑意识形态［M］．北京：东方人民出版社，2016．

［20］俞吾金．意识形态论［M］．北京：人民出版社，2009．

［21］刘建军等．“马克思主义基本原理概论”辅导用书［M］．北京：高等教育出版社，2020．

［22］顾海良，张雷声．“马克思主义基本原理概论”课疑难问题解析（修订版）［M］．北京：高等教育出版社，2008．

［23］欧阳彬．“马克思主义基本原理”金课教学设计［M］．北京：光明日报出版社，2022．

［24］张晓华，张云飞主编．“马克思主义基本原理概论”教学疑难深度解析［M］．北京：中国人民出版社，2019．

［25］陈弘，孙寿涛主编．马克思主义基本原理讲义［M］．天津：